59847 mF

Y2

SCÈNES
DE
VIE PRIVÉE,

PAR

M. DE BALZAC.

TOME PREMIER.

SECONDE ÉDITION.

PARIS,
LIBRAIRIE DE MAME-DELAUNAY,
RUE GUÉNÉGAUD, N° 25.
1832.

Il existe sans doute des mères auxquelles une éducation exempte de préjugés n'a ravi aucune des grâces de la femme, en leur donnant une instruction solide sans nulle pédanterie. Mettront-elles ces leçons sous les yeux de leurs filles?... l'auteur a osé l'espérer. Il s'est flatté que les bons esprits ne lui reprocheraient point d'avoir parfois présenté le tableau vrai de mœurs que les familles ensevelissent aujourd'hui dans l'ombre et que l'observateur a quelquefois de la ...e à deviner. Il a songé qu'il y a bien ...s d'imprudence à marquer d'une branche de saule les passages dangereux de la vie, comme font les mariniers pour les sables de la Loire, qu'à les laisser ignorer à des yeux inexpérimentés.

Mais pourquoi l'auteur solliciterait-il une absolution auprès des gens du salon? En publiant cet ouvrage, il ne fait que rendre au monde ce que le monde lui a donné. Serait-ce parce qu'il a essayé de peindre avec fidélité les évènemens dont un mariage est suivi ou précédé, que son livre serait refusé à de jeunes personnes destinées à paraître un jour sur la scène sociale? Serait-ce donc un crime que de leur avoir relevé par avance le rideau du théâtre qu'elles doivent un jour embellir?

L'auteur n'a jamais compris quels bénéfices d'éducation une mère pouvait retirer à retarder d'un an ou deux, tout au plus, l'instruction qui attend nécessairement sa fille, et à la laisser s'éclairer lentement à la lueur des orages auxquels elle la livre presque toujours sans défense.

Cet ouvrage a donc été composé en haine des sots livres que des esprits mesquins ont présentés aux femmes jusqu'à ce jour. Que l'auteur ait satisfait aux exigences du moment et de son entreprise... c'est un problème qu'il ne lui appartient pas de résoudre. Peut-être retournera-t-on contre lui l'épithète qu'il décerne à ses devanciers. Il sait qu'en littérature, ne pas réussir c'est périr; et c'est principalement aux artistes que le public est en droit de dire : — Væ victis !

L'auteur ne se permettra qu'une seule observation qui lui soit personnelle. Il sait que certains esprits pourront lui reprocher de s'être souvent appesanti sur des détails en apparence superflus. Il sait qu'il sera facile de l'accuser d'une sorte de GARRULITÉ puérile. Souvent ses tableaux paraîtront avoir tous les défauts des compositions de l'école hollandaise sans en offrir les mérites. Mais l'auteur peut s'excuser en disant qu'il n'a destiné son livre qu'à des intelligences plus candides et moins blasées, moins instruites et plus indulgentes que celles de ces critiques dont il décline la compétence.

SCÈNE Ire.

LA VENDETTA.

LA VENDETTA.

Vers la fin du mois de septembre de l'année 1800, un étranger, suivi d'une femme et d'une petite fille, arriva devant le palais des Tuileries. Il se tint assez long-temps auprès des décombres d'une maison récemment démolie, et resta là, debout, les bras croisés, la tête presque toujours inclinée; s'il la relevait, c'était pour regarder successivement le palais consulaire, puis sa femme qui s'était assise auprès de lui sur une pierre. Quoique l'inconnue parût ne s'occuper que de la petite fille, âgée de neuf à dix ans, dont elle caressait les longs cheveux noirs, elle ne perdait jamais un seul des regards que lui lançait son compagnon. Un même sentiment, autre que l'amour, les unissait sans doute, et animait d'une même inquiétude leurs mouvemens et leurs pensées. La misère est peut-être le plus puissant de tous les liens. Ils étaient mariés, et la petite fille semblait être le dernier fruit de leur union.

L'inconnu avait une de ces têtes fortes, abondantes en cheveux, larges et graves, qui se sont souvent offertes au pinceau des Carraches; mais ces cheveux si noirs étaient mélangés d'une grande quantité de cheveux blancs, et ses traits nobles et fiers avaient un ton de dureté qui les gâtait en ce moment. Il était grand et vigoureux, quoiqu'il parût avoir plus de soixante ans. Ses vêtemens délabrés annonçaient qu'il venait d'un pays étranger.

Sa femme avait au moins cinquante ans. Sa figure jadis belle était flétrie. Son attitude trahissait une tristesse profonde; mais quand son mari la regardait, elle s'efforçait de sourire en tâchant d'affecter une contenance calme. La petite fille restait debout, malgré la fatigue dont son jeune visage, hâlé par le soleil, portait les marques. Elle avait une tournure italienne, de grands yeux noirs sous des sourcils bien arqués, une noblesse native, une grâce indéfinissable.

Plus d'un passant se sentait ému au seul aspect de ce groupe dont les personnages ne faisaient aucun effort pour cacher un désespoir aussi profond que l'expression en était simple; mais la source de cette obligeance fugitive qui distingue les Parisiens se tarissait bien vite, car, aussitôt que l'inconnu se croyait l'objet de l'attention de quelque oisif, il le regardait d'un air si farouche, que le flâneur le plus intrépide hâtait le pas comme s'il eût marché sur un serpent.

Tout-à-coup le grand étranger passa la main sur son front. Il en chassa, pour ainsi dire, les pensées qui l'avaient sillonné de rides, et prit sans doute un parti désespéré. Il jeta un regard perçant sur sa femme et sur sa fille, tira de sa veste un long poignard; puis, le donnant à sa compagne, il lui dit en italien :

— Je vais voir si les Bonaparte se souviendront de nous !...

Alors il marcha d'un pas lent et assuré vers l'entrée du palais.

L'étranger fut naturellement arrêté par un soldat de la garde consulaire avec lequel il ne put pas discuter très long-temps ; car, en s'apercevant de l'obstination de l'inconnu, la sentinelle lui présenta sa baïonnette en manière d'*ultimatum*. Le hasard voulut que l'on vînt en ce moment relever le soldat de sa faction, et alors, le caporal indiqua fort obligeamment à l'aventurier l'endroit où se tenait l'officier qui commandait le poste.

— Faites savoir à Bonaparte que Bartholoméo di Piombo voudrait lui parler !... dit l'étranger au capitaine de service.

Cet officier eut beau représenter à Bartholoméo qu'on ne voyaitp as le premier consul sans lui avoir préalablement demandé par écrit une audience, l'étranger voulut absolument que le militaire allât prévenir Bonaparte. L'officier, objectant les lois de la consigne, refusa formellement d'obtempérer à l'ordre de ce singulier solliciteur. Alors Bartholoméo, fronçant le sourcil, et jetant un regard terrible sur le capitaine, sembla le rendre responsable de tout ce qui pourrait arriver de malheureux. Il garda le silence, se croisa fortement les bras sur la poitrine, et alla se placer sous le portique qui sert de communication entre la cour et le jardin des Tuileries.

Les gens qui veulent fortement une chose sont presque toujours admirablement bien servis par le hasard. Au moment où Bartholoméo di Piombo s'asseyait sur une des bornes qui sont auprès de l'entrée des Tuileries, une voiture arriva, et Lucien Bonaparte, ministre de l'intérieur, en descendit.

— Ah! Lucien, il est bien heureux pour Bartholoméo de te rencontrer!... s'écria l'étranger.

Ces mots, prononcés en patois corse, arrêtèrent Lucien qui s'élançait sous la voûte. Il regarda Bartholoméo, le reconnut, et sur un mot que ce dernier lui dit à l'oreille, il laissa échapper un signe de tête, et fit monter le Corse avec lui chez Bonaparte.

Ils parvinrent tous deux jusqu'au cabinet du premier consul. Murat, Lannes, Rapp, s'y trouvaient. En voyant entrer Lucien, suivi d'un homme aussi hétéroclite que l'était Piombo, chacun se tut. Lucien prit Napoléon par la main, ils se dirigèrent ensemble vers l'embrasure de la croisée ; et, là, après avoir échangé quelques paroles avec son frère, le premier consul fit un geste de main auquel obéirent Murat et Lannes : ils sortirent. Rapp feignit de n'avoir rien vu, et resta. Bonaparte l'interpella vivement, et l'aide-de-camp s'en alla en rechignant dans la pièce voisine. Le premier consul, entendant le bruit des pas de Rapp, sortit brusquement et le vit se promener le long du mur qui séparait le cabinet du salon.

— Tu ne veux donc pas me comprendre? dit le premier consul. J'ai besoin d'être seul avec mon compatriote...

— Un Corse !... répondit l'aide-de-camp. Raison de plus pour rester là !... je me défie toujours de ces gens-là...

Il s'arrêta.

Le premier consul ne put s'empêcher de sourire, et poussa légèrement son fidèle officier par les épaules. Rapp sortit.

— Eh bien, que viens-tu faire ici, mon

pauvre Bartholoméo?... dit le premier consul à Piombo.

— Te demander asile et protection, si tu es un vrai Corse, répondit Bartholoméo d'un ton brusque.

— Quel malheur a pu te chasser du pays?... Tu en étais, il y a six mois, le plus riche, le plus...

— J'ai tué tous les Porta!..... répliqua le Corse d'un son de voix profond et en fronçant les sourcils.

Le premier consul fit deux pas en arrière comme s'il eût bondi.

— Vas-tu me trahir?... s'écria Bartholoméo en jetant un regard sombre à Bonaparte. — Sais-tu qu'il y a encore quatre Piombo en Corse?...

Lucien prit le bras de son compatriote, et le secouant : — Viens-tu ici pour menacer mon frère?... lui dit-il vivement.

Bonaparte fit un signe à Lucien qui se tut; puis, regardant Piombo, il lui dit :

— Pourquoi donc as-tu tué les Porta?

Les yeux du Corse lancèrent comme un éclair.

— Nous avions, répondit-il, fait amitié. Les

Barbantani nous avaient réconciliés. Le lendemain du jour où nous trinquâmes pour noyer nos querelles, je les quittai parce que j'avais affaire à Bastia. Ils restèrent chez moi, et ils mirent le feu à ma vigne de Longone. Ils ont tué mon fils Grégorio. Si ma fille Ginevra et ma femme ont échappé, c'est sans doute parce qu'elles avaient communié le matin et que la Vierge les a protégées. Quand je revins, je ne trouvai plus ma maison, je la cherchais les pieds dans sa cendre !...

Bartholoméo s'arrêta et parut succomber sous ses souvenirs.

— Tout-à-coup, je heurtai le corps de Grégorio, reprit-il, et, à la lueur de la lune, je le reconnus. — Oh! ce sont les Porta qui ont fait cela, me dis-je. J'allai sur-le-champ dans les *Pâquis*. J'y rassemblai quelques hommes auxquels j'avais rendu service, entends-tu, Bonaparte?... et nous marchâmes sur la vigne des Porta. Nous sommes arrivés à neuf heures du matin, et à dix ils étaient devant Dieu. Giacomo prétend qu'Éliza Vanni a sauvé un enfant, le petit Luigi; mais je l'avais attaché moi-même dans son lit avant de mettre le feu à la maison. Bref, j'ai quitté l'île avec ma femme et ma fille, sans avoir pu vérifier s'il était vrai que Luigi vécût encore.

Bonaparte, immobile, regardait Bartholoméo avec curiosité, mais sans étonnement.

— Combien étaient-ils?... demanda Lucien.

— Sept, répondit Piombo. Ils ont été vos persécuteurs, dans les temps, leur dit-il. Mais ces mots ne réveillèrent aucune expression de haine chez les deux frères.

— Ah! vous n'êtes plus Corses!... s'écria Bartholoméo avec une sorte de désespoir. Adieu... Autrefois je vous ai protégés!... ajouta-t-il d'un ton de reproche.

— Sans moi, ta mère ne serait pas arrivée vivante à Marseille, dit-il en s'adressant à Bonaparte qui restait pensif, le coude appuyé sur le manteau de la cheminée.

— En conscience, Piombo, répondit Napoléon, je ne puis pas te prendre sous mon aile, car je suis le chef de la république, et je dois en faire exécuter les lois.

— Ah! ah! dit Bartholoméo.

— Mais je puis fermer les yeux... reprit Bonaparte. Le préjugé de la *Vendetta* empêchera long-temps le règne des lois en Corse, ajouta-t-il en se parlant à lui-même. — Il faut cependant le détruire — à tout prix.

Bonaparte resta un moment silencieux, et Lucien fit signe à Piombo de ne rien dire. Le Corse agitait déjà la tête de droite à gauche d'un air improbateur.

— Demeure ici, reprit le consul en s'adressant à Bartholoméo, nous n'en saurons rien. Je ferai acheter tes propriétés; et, dans quelque temps, plus tard, nous penserons à toi. — Mais plus de *Vendetta !* — Songe qu'à Paris il n'y a pas de *Pâquis*, et que si tu y joues du poignard, il n'y aurait pas de grâce à espérer. Ici la loi protège tous les citoyens, et l'on ne se fait pas justice soi-même.

— Eh bien! répondit Bartholoméo en prenant la main de Lucien et la serrant, ce sera maintenant entre nous à la vie à la mort, et vous pourrez disposer de tous les Piombo.

A ces mots, le front du Corse se dérida et il regarda autour de lui avec satisfaction.

— Vous n'êtes pas mal ici... dit-il en souriant, comme s'il voulait y loger. C'est un palais!...

— Il ne tiendra qu'à toi de parvenir et d'avoir un palais à Paris!... dit Bonaparte qui toisait son compatriote. Il m'arrivera plus d'une fois de regarder autour de moi pour chercher un ami dévoué auquel je puisse me confier...

Un soupir de joie sortit de la vaste poitrine de Piombo, puis il tendit la main au premier consul, en lui disant :

— Il y a encore du Corse en toi!..

Bonaparte sourit, et regarda silencieusement cet homme qui lui apportait, en quelque sorte, avec lui, l'air de sa patrie; cette île où, naguère, il avait été reçu avec tant d'enthousiasme, à son retour d'Égypte, et qu'il ne devait plus revoir. Il fit un signe à son frère, et ce dernier emmena Bartholoméo di Piombo. Lucien s'enquit avec intérêt de la situation financière de l'ancien protecteur de leur famille. Alors Piombo, amenant le ministre de l'intérieur auprès d'une fenêtre, lui montra sa femme et Ginevra, assises toutes deux sur un tas de pierres, et dit :

— Nous sommes venus de Fontainebleau, ici, à pied, et nous n'avons pas une obole.

Lucien donna sa bourse à son compatriote et lui recommanda de venir le trouver le lendemain, afin d'aviser aux moyens d'assurer le sort de sa famille ; car la valeur de tous les biens que Piombo possédait en Corse ne pouvait guère le faire vivre honorablement à Paris.

Bartholoméo, plein de joie et d'espérance, retourna auprès de sa femme et de Ginevra.

Les proscrits obtinrent ce soir-là un asile, du pain et la protection du premier consul.

Ce simple récit des motifs qui amenèrent à Paris Bartholoméo di Piombo et sa famille ne doit être considéré que comme une introduction nécessaire à l'intelligence des scènes qui vont suivre.

L'ATELIER.

M. Servin, l'un de nos artistes les plus distingués, conçut le premier l'idée d'ouvrir un atelier pour les jeunes personnes qui veulent prendre des leçons de peinture. C'était un homme d'une quarantaine d'années, de mœurs pures, entièrement livré à son art. Il avait épousé par inclination la fille d'un général sans fortune.

D'abord les mères conduisirent elles-mêmes leurs filles chez le professeur; mais elles finirent par les y envoyer quand elles eurent bien connu ses principes et apprécié les soins qu'il mettait à mériter la confiance.

Il était entré dans le plan du peintre de n'accepter pour écolières que des demoiselles appartenant à des familles riches ou considérées, afin de n'avoir pas à subir de reproches sur la composition de son atelier. Il se refusait même à prendre les jeunes filles qui voulaient devenir artistes, et auxquelles il aurait fallu donner certains enseignemens sans lesquels il n'y a pas de talent possible en peinture.

Insensiblement, la prudence et la supériorité avec lesquelles il initiait ses élèves aux mystères de son art, la certitude où les mères étaient de savoir leurs filles en compagnie de jeunes personnes bien élevées, et la sécurité qu'inspiraient le caractère, les mœurs, le mariage de l'artiste, lui valurent dans les salons une flatteuse renommée. Quand une jeune fille manifestait le désir d'apprendre à peindre ou à dessiner, et que sa mère demandait conseil : — Envoyez-la chez Servin ! — était la réponse que faisaient les peintres eux-mêmes.

Servin devint donc une nécessité, une autorité, une spécialité, une célébrité pour la peinture féminine, comme Herbault pour les chapeaux, Leroy pour les modes, Chevet pour les comestibles. Il était reconnu qu'une jeune femme qui avait pris des leçons chez Servin pouvait juger en dernier ressort les tableaux du Musée, faire supérieurement un portrait, copier une toile, et peindre un tableau de genre. Cet artiste suffisait ainsi à tous les besoins de l'aristocratie. Malgré les rapports qu'il avait avec les meilleures maisons de Paris, il était indépendant, patriote, et il conservait avec tout le monde ce ton léger, spirituel, parfois ironique, et cette liberté de jugement qui distinguent les peintres.

Il avait poussé le scrupule de ses précautions jusque dans l'ordonnance du local destiné à ses écolières. L'entrée du grenier qui régnait au-dessus de ses appartemens avait été murée; et, pour parvenir à cette retraite aussi sacrée qu'un harem, il fallait monter par un escalier pratiqué dans l'intérieur de son logement. L'atelier, occupant tout le comble de la maison, avait ces proportions énormes qui surprennent toujours les curieux quand, arrivés à soixante pieds du sol, ils s'attendent à voir les artistes logés dans une gouttière. Cette espèce de galerie était profusément éclairée par d'immenses châssis garnis de ces grandes toiles vertes à l'aide desquelles les peintres disposent de la lumière. Une foule de caricatures, de têtes, faites au trait, avec la pointe d'un couteau, sur les murailles peintes en gris foncé, prouvait, sauf la différence de l'expression, que les filles les plus distinguées ont dans l'esprit autant de folie que les hommes. Un petit poêle et de grands tuyaux qui décrivaient un effroyable zig-zag, avant d'atteindre les hautes régions du toit, étaient l'infaillible ornement de cet atelier.

Une planche régnant autour des murs soutenait les plus beaux modèles en plâtre qui gisaient confusément placés, les uns blancs encore, les autres essuyés à demi, mais couverts pour la plupart d'une blonde poussière. Au-dessous de ce rayon, et çà et là, une tête de Niobé, pendue à un clou, montrait sa pose de douleur; une Vénus souriait; une main se présentait brusquement aux yeux comme celle d'un pauvre demandant l'aumône; puis quelques *écorchés*, jaunis par la fumée, avaient l'air de membres arrachés la veille à des cercueils. Enfin, des tableaux, des dessins, des mannequins, des cadres sans toiles et des toiles sans cadres, achevaient de donner à cette pièce irrégulière l'indéfinissable physionomie d'un atelier : singulier mélange d'ornement et de nudité, de misère et de richesse, de soin et d'incurie, immense vaisseau où tout paraît petit, même l'homme. Il y a dans un atelier de peinture quelque chose qui sent la coulisse d'opéra : ce sont de vieux linges, des armures dorées, des lambeaux d'étoffe, des machines ; puis il y a je ne sais quoi de grand, d'infini comme la pensée. Le génie et la mort sont là : la Diane, l'Apollon auprès d'un crâne ou d'un squelette ; le beau et le désordre ; la réalité et la poésie, de riches couleurs dans l'ombre, et souvent un drame qui semble crier dans le silence. Tout y est le symbole d'une tête d'artiste.

Au moment où commence cette histoire, le brillant soleil du mois de juillet illuminait l'atelier, et deux rayons capricieux le traversaient dans toute sa profondeur en y traçant de larges bandes d'or diaphanes où brillaient les grains d'une inévitable poussière.

Une douzaine de chevalets élevaient leurs flèches aiguës, semblables à des mâts de vaisseau dans un port.

Dix jeunes filles animaient cette scène par la variété de leurs physionomies, de leurs attitudes, et par la différence de leurs toilettes. Les fortes ombres que jetaient les serges vertes, disposées suivant les besoins de chaque chevalet, produisaient une multitude de contrastes, de piquans effets de clair-obscur. C'était le plus beau de tous les tableaux de l'atelier.

Une jeune fille blonde et candide travaillait avec courage. Elle semblait prévoir le malheur. Elle était mise simplement. Elle se tenait loin de ses compagnes. — Nulle ne la regardait, ne lui adressait la parole. Elle était la plus jolie, la plus modeste et — la moins riche.

Deux groupes principaux, séparés l'un de l'autre par une faible distance, indiquaient deux sociétés, deux esprits jusque dans cet atelier, où les rangs et la fortune devaient être oubliés.

Assises ou debout, ces jeunes filles, entourées

de leurs boîtes à couleurs, jouant avec leurs pinceaux ou les préparant, maniant leurs brillantes palettes, peignant, parlant, riant, chantant, abandonnées à leur naturel, laissant voir leur caractère, formaient un spectacle inconnu aux hommes.

Celle-ci, fière, hautaine, capricieuse, aux cheveux noirs, aux belles mains, lançait au hasard la flamme de ses regards. Celle-là, insouciante et gaie, le sourire sur les lèvres, les cheveux châtains, les mains blanches et délicates; vierge française, légère, sans arrière-pensée, vivant de sa vie actuelle. Une autre, rêveuse, mélancolique, pâle, penchant la tête comme une fleur qui tombe. Sa voisine, au contraire, grande, indolente, aux habitudes musulmanes, l'œil long, noir, humide, parlant peu, mais songeant et regardant à la dérobée la tête d'Antinoüs. Une autre était au milieu d'elles, comme le *jocoso* d'une pièce espagnole, pleine d'esprit, de saillies, épigrammatique, les espionnant toutes d'un seul coup-d'œil, les faisant rire, levant sans cesse une figure trop vive pour n'être pas jolie. Elle commandait au premier groupe des écolières. Il comprenait les filles de banquier, de notaire, de négociant; toutes riches, mais essuyant toutes les dédains imperceptibles, quoique poignans, que leur prodiguaient les autres jeunes personnes appartenant à l'aristocratie.

Ces dernières étaient gouvernées par la fille d'une marquise, petite créature fière d'avoir pour père un homme de cour et revêtu d'une charge. Elle était blanche, fluette, maladive, et aussi sotte que vaine. Elle voulait toujours paraître avoir compris du premier coup les observations du maître, et semblait travailler par grâce. Elle se servait d'un lorgnon, ne venait que très parée, tard, et suppliait ses compagnes de parler bas. Ce second groupe était riche de tailles délicieuses, de figures distinguées; mais les regards de ces jeunes filles n'avaient point de naïveté. Si leurs attitudes étaient élégantes, leurs mouvemens gracieux, les figures manquaient de franchise, et l'on devinait facilement qu'elles appartenaient à un monde où la politesse façonne de bonne heure les caractères, où l'abus des jouissances sociales tue les passions, et où les formules développent l'égoïsme.

Lorsque l'atelier était complet, que personne ne manquait à cette réunion, il y avait dans le nombre de ces jeunes filles, des têtes enfantines, des visages d'une pureté ravissante, des vierges dont la bouche légèrement entr'ouverte laissait voir des dents vierges, un sourire de vierge. Alors l'atelier ne ressemblait pas à un sérail, mais à un groupe d'anges assis sur un nuage dans le ciel.

Il était environ midi, et M. Servin n'avait pas encore paru. Ses écolières savaient qu'il achevait un tableau pour l'exposition; et que depuis quelques jours la plupart du temps il restait à un autre atelier qu'il avait en ville. Tout-à-coup, mademoiselle de Monsaurin, chef du parti aristocratique de cette petite assemblée, parla long-temps à sa voisine, et il se fit un grand silence dans le groupe des nobles. Le parti de la banque, étonné, se tut également, et tâcha de deviner le sujet d'une semblable conférence; mais le secret des jeunes monarchistes fut bientôt publié.

Mademoiselle de Monsaurin se leva. Elle prit un chevalet qui était à sa droite, et le plaça à une assez grande distance du noble groupe, près d'une cloison grossière qui séparait l'atelier d'une mansarde. Ce cabinet obscur était en partie dû à l'irrégularité du mur mitoyen qui faisait là un coude assez profond. Ce petit coin était en quelque sorte les gémonies de l'atelier. On y jetait les plâtres brisés, les toiles condamnées par le professeur; on y mettait le poêle quand on le démontait, et la provision de bois en hiver.

L'action de mademoiselle de Monsaurin devait être bien hardie, car elle excita un murmure de surprise. La jeune élégante n'en tint compte, et acheva de déménager sa jeune compagne absente, en roulant vivement près du chevalet, une boîte à couleurs, en y portant le tabouret sur lequel elle s'asseyait, et un tableau de Rubens dont elle faisait une copie. Ce coup de parti, qui devait avoir des suites funestes, excita une stupéfaction générale; et si le côté droit se mit à travailler silencieusement, le côté gauche pérora longuement sur cet acte de vigueur.

—Que va dire mademoiselle Piombo? demanda

une jeune fille à mademoiselle Planta, l'oracle malicieux du premier groupe.

— Elle n'est pas fille à parler! répondit-elle. Mais dans cinquante ans elle se souviendra de cette injure comme si elle l'avait reçue la veille, et saura s'en venger cruellement. C'est une personne avec laquelle je ne voudrais pas être en guerre.

— La proscription dont ces demoiselles la frappent est d'autant plus injuste, dit une autre jeune fille, qu'avant-hier, mademoiselle Ginevra était fort triste; car son père venait, dit-on, de donner sa démission. Ce serait donc ajouter à son malheur, tandis qu'elle a été fort bonne pour ces demoiselles pendant tout ce temps-ci. Leur a-t-elle jamais dit une parole qui pût les blesser? Elle évitait au contraire de parler politique. Mais elles paraissent agir plutôt par jalousie que par esprit de parti.

— J'ai envie d'aller chercher le chevalet de mademoiselle Piombo, et de le mettre auprès du mien!... dit Fanny Planta.

Elle se leva, mais une réflexion la fit rasseoir.

Avec un caractère comme celui de mademoiselle Ginevra, dit-elle, on ne peut pas savoir de quelle manière elle prendrait notre politesse, et il vaut mieux attendre l'évènement.

— La voici!... dit languissamment la jeune fille aux yeux noirs.

En effet, le bruit des pas d'une personne qui montait l'escalier retentit dans la salle, et ces mots : — « La voici! la voici! » ayant passé de bouche en bouche, le plus profond silence régna dans l'atelier.

Pour comprendre l'importance de l'ostracisme exercé par mademoiselle de Monsaurin, il est nécessaire d'ajouter que cette scène avait lieu vers la fin du mois de juillet 1815. Le second retour des Bourbons venait de troubler bien des amitiés qui avaient résisté au mouvement de la première restauration. En ce moment, les familles même étaient divisées d'opinions, et le fanatisme politique renouvelait plusieurs de ces déplorables scènes qui, à toutes les époques de guerre civile ou religieuse, souillent l'histoire des hommes. Les enfans, les jeunes filles, les vieillards partageaient la fièvre monarchique à laquelle le gouvernement était en proie. La discorde se glissait sous tous les toits, et la défiance teignait de sa sombre couleur les actions et les discours les plus intimes.

Ginevra Piombo aimait Napoléon avec idolâtrie. Comment aurait-elle pu le haïr ! l'empereur était son compatriote et le bienfaiteur de son père. Le baron de Piombo était un des serviteurs de Napoléon qui avaient coopéré le plus efficacement à son retour de l'île d'Elbe. Incapable de renier sa foi politique, jaloux même de la confesser, le vieux baron de Piombo était resté à Paris au milieu de ses ennemis. Ginevra Piombo pouvait donc être d'autant mieux mise au nombre des personnes suspectes, qu'elle ne faisait pas mystère du chagrin que cette seconde restauration causait à sa famille. Les seules larmes qu'elle eût peut-être versées dans sa vie lui furent arrachées par la double nouvelle de la captivité de Bonaparte sur *le Bellérophon* et de l'arrestation de Labédoyère.

Toutes les jeunes personnes qui composaient le groupe des nobles, dans l'atelier, appartenaient aux familles royalistes les plus exaltées de Paris. Il serait difficile de donner une idée des exagérations de cette époque et de l'horreur que causaient les bonapartistes. L'action de mademoiselle de Monsaurin, tout insignifiante et petite qu'elle peut paraître aujourd'hui, était en ce moment une expression de haine toute naturelle.

Depuis le jour où Ginevra Piombo, l'une des premières écolières de M. Servin, était venue à l'atelier, elle avait occupé la place dont on voulait la priver. Le groupe aristocratique l'avait insensiblement entourée. Alors cette place lui appartenait en quelque sorte. L'en chasser était non seulement lui faire une injure, mais lui causer une affliction ; car les artistes ont tous une place de prédilection pour leur travail. Mais l'animadversion politique entrait peut-être pour peu de chose dans la conduite de ce petit côté droit de l'atelier.

Ginevra Piombo était l'objet d'une profonde jalousie. Elle était la plus forte et la plus instruite des élèves de M. Servin. Le maître professait la plus haute admiration pour ses talens, et peut-être aussi pour son caractère, sa beauté, ses manières et ses opinions. Aussi servait-elle de terme à toutes ses comparaisons.

Enfin elle était son élève favorite. Sans qu'on s'expliquât l'ascendant que cette jeune personne avait sur tout ce qui l'entourait, elle exerçait une influence immense sur ce petit monde qui ne pouvait lui refuser son admiration. En effet, sa voix était séduisante, ses manières avaient je ne sais quoi de pénétrant, et son regard produisait presque sur ses compagnes le même prestige que celui de Bonaparte sur ses soldats.

Le parti aristocratique avait résolu depuis plusieurs jours la chute de cette reine; mais personne n'ayant encore osé s'éloigner d'elle, mademoiselle de Monsaurin venait de frapper un coup décisif, afin de rendre ses compagnes complices de sa haine. Quant au reste des jeunes filles, Ginevra était sincèrement aimée par deux ou trois d'entre elles; mais, presque toutes, étant chapitrées au logis paternel relativement à la politique, jugèrent avec ce tact particulier aux femmes qu'elles devaient rester indifférentes à la querelle.

A son arrivée, Ginevra Piombo fut donc accueillie par un profond silence. Elle était grande, bien faite, et d'une blancheur éclatante. Sa dé-

marche avait un caractère de noblesse et de
grâce qui imprimait le respect. De toutes les
jeunes filles qui avaient paru jusqu'alors dans
l'atelier de M. Servin, elle était la plus belle.
Sa figure, puissante de vie et d'intelligence,
semblait rayonner. Ses longs cheveux noirs,
ses yeux et ses cils noirs appartenaient à la
passion. Les coins de sa bouche se dessinaient
mollement, et ses lèvres, peut-être un peu
trop fortes, étaient pleines de grâce et de bonté;
mais, par un singulier caprice de la nature, la
douceur et le charme de son visage étaient
en quelque sorte démentis par la partie supérieure. C'était une fidèle image de son caractère. Il y avait sur son front de marbre une expression de fierté presque sauvage. Les mœurs
de la Corse y étaient écrites tout entières; mais
c'était le seul lien qu'il y eût entre elle et son pays
natal; car dans tout le reste de sa personne,
les grâces italiennes, la simplicité, l'abandon
des beautés lombardes séduisaient tout-à-coup.
Pour lui faire de la peine, il ne fallait pas
la voir. C'était une jeune fille si prestigieuse
que, par prudence, son vieux père ne lui
permettait d'aller à l'atelier que dans une mise

plus que simple. Le seul défaut de cette créature véritablement poétique venait de la puissance même d'une beauté si largement développée. Elle avait l'air d'une femme. Elle s'était refusée au joug du mariage, par amour pour son père et sa mère, dont elle voulait embellir les vieux jours, et alors sa passion pour la peinture remplaçait toutes les autres. Elle commençait à peindre de manière à faire croire qu'elle deviendrait une artiste célèbre.

— Vous êtes bien silencieuses aujourd'hui, mesdemoiselles, dit-elle après avoir fait deux ou trois pas au milieu de ses compagnes.

— Bonjour, ma petite Laure... ajouta-t-elle d'un ton doux et caressant en s'approchant de la jeune fille qui peignait loin des autres. — Cette tête est fort bien faite! Vos chairs sont un peu trop roses; mais cela est dessiné à merveille.

Laure leva la tête, regarda Ginevra d'un air attendri, et leurs figures s'épanouirent un moment. Un faible sourire anima les lèvres de l'Italienne qui paraissait triste; puis elle se dirigea lentement vers sa place en regardant avec nonchalance les dessins ou les tableaux, et en disant bonjour à chacune des jeunes filles qui composaient le premier groupe. Mais elle ne s'aperçut pas de la curiosité particulière et toute nouvelle qu'excitait sa présence. On eût dit d'une reine dans sa cour.

Elle ne donna aucune attention au profond silence qui régnait parmi les patriciennes. Elle passa devant leur camp sans prononcer un seul mot. Sa préoccupation était si grande qu'elle se mit à son chevalet, ouvrit sa boîte à couleurs, prit ses brosses, revêtit ses manches brunes, ajusta son tablier, regarda son tableau, examina sa palette sans penser pour ainsi dire à ce qu'elle faisait.

Toutes les têtes du premier groupe étaient tournées vers elle. Si les jeunes personnes du camp de mademoiselle de Monsaurin ne mettaient pas tant de franchise que leurs compagnes dans leur impatience, leurs regards de côté et leurs œillades n'en étaient pas moins dirigées sur Ginevra di Piombo.

— Elle ne s'aperçoit de rien! dit mademoiselle Planta.

Au moment où ces paroles étaient prononcées, Ginevra quitta l'attitude méditative dans laquelle elle avait contemplé sa toile, et tourna la tête vers le groupe aristocratique. Elle mesura d'un seul coup-d'œil la distance qui l'en séparait, et garda le silence.

— Elle ne croit pas qu'on ait eu la pensée de l'insulter !... dit mademoiselle Planta ; car elle n'a ni pâli, ni rougi. — Comme ces demoiselles vont être vexées si mademoiselle de Piombo se trouve mieux à sa nouvelle place qu'à l'ancienne !..—Vous êtes là hors de ligne, mademoiselle !.. ajouta-t-elle alors à haute voix en s'adressant à Ginevra.

L'Italienne feignit de ne pas entendre ; ou peut-être n'entendit-elle pas. Elle se leva brusquement, et longea avec une certaine lenteur la cloison qui séparait le cabinet noir de l'atelier.

Elle était pensive, recueillie et paraissait examiner le châssis d'où venait le jour. Elle monta sur une chaise pour attacher beaucoup plus haut la serge verte qui interceptait la lumière. Quand elle fut à cette hauteur, elle vit à un pied environ au-dessus de sa tête une crevasse assez légère dans la cloison. Le regard qu'elle jeta sur cette fente ne peut se comparer qu'à celui d'un avare découvrant les trésors d'Aladin. Elle descendit vivement, revint à sa place, ajusta son tableau, et feignit d'être mécontente du jour.

Alors elle approcha de la cloison une table, sur laquelle elle mit une chaise; puis, grimpant lestement sur cet échafaudage, elle atteignit à la crevasse. Elle ne jeta qu'un regard dans le cabinet, le trouva éclairé, et ce qu'elle y aperçut produisit sur elle une sensation si vive qu'elle en tressaillit.

— Vous allez tomber, mademoiselle Ginevra!... s'écria Laure.

Toutes les jeunes filles regardèrent l'imprudente qui chancelait; mais comme si la peur de voir arriver ses compagnes auprès d'elle lui eût donné du courage, elle retrouva ses forces, rétablit miraculeusement l'équilibre, se tourna vers Laure, se dandina sur la chaise, et dit d'une voix émue :

— Bah! c'est plus solide qu'un trône!...

Elle se hâta d'arracher la serge, descendit, repoussa la table et la chaise bien loin de la cloison, et revint à son chevalet. Elle fit encore quelques essais en ayant l'air de chercher une masse de lumière qui lui convînt; mais son tableau ne l'occupait guère, et son but était de s'approcher le plus près possible du cabinet noir. Enfin elle se plaça, comme elle le désirait, auprès de la porte, et se mit à préparer sa palette en gardant le plus profond silence.

Bientôt elle entendit plus distinctement, à cette place, le léger bruit qui, l'avant-veille, avait si fortement excité sa curiosité et fait parcourir à sa jeune imagination le vaste champ des conjectures. Alors, elle reconnut facilement la respiration forte et régulière d'un homme endormi. Sa curiosité était satisfaite au-delà de ses souhaits, mais elle se trouvait chargée d'une immense responsabilité. Elle venait d'apercevoir, à travers la crevasse, l'aigle impériale d'un uniforme proscrit, et, sur un lit de sangle faiblement éclairé par le jour de la lucarne, la figure d'un officier. Elle devina tout: c'était un banni. Maintenant elle tremblait qu'une de ses compagnes ne vînt examiner son tableau, et n'entendît ou la respiration de ce malheureux, ou quelque ronflement trop fort comme celui qui était arrivé à son oreille pendant la dernière leçon. Cependant elle résolut de rester auprès de cette porte, se fiant à son adresse pour déjouer le sort.

— Il vaut mieux que je sois là, pensait-elle, pour prévenir un évènement sinistre, que de laisser le pauvre prisonnier à la merci d'une étourderie.

Tel était le secret de l'indifférence apparente que Ginevra avait manifestée en trouvant son chevalet dérangé. Elle en était intérieurement enchantée; car elle avait pu satisfaire assez naturellement une curiosité qui l'avait vivement occupée; et, dans ce moment, elle pensait à tout autre chose qu'à chercher la raison efficiente de ce déménagement.

Il n'y a rien de plus mortifiant pour des jeunes filles comme pour tout le monde, que de voir une méchanceté, une insulte, ou un bon mot, manquer leur effet par suite du dédain qu'en témoigne la victime. Il semble que la haine envers un ennemi s'accroisse de toute la hauteur à laquelle il s'élève au-dessus de nous.

La conduite de Ginevra di Piombo devint une énigme pour toutes ses compagnes. Ses amies comme ses ennemies furent également surprises ; car on lui accordait toutes les qualités possibles, hormis l'oubli des injures.

Quoique les occasions de déployer ce vice de caractère eussent été rarement offertes à Ginevra dans les évènemens de la vie d'atelier, les exemples qu'elle avait pu donner de ses dispositions vindicatives et de sa fermeté n'en avaient pas moins laissé des impressions très profondes dans l'esprit de ses compagnes.

Après bien des conjectures, mademoiselle Planta finit par trouver dans le silence de l'Italienne une grandeur d'âme au-dessus de tout éloge ; et son cercle, inspiré par elle, forma le projet d'humilier l'aristocratie de l'atelier. Elles parvinrent merveilleusement à leur but, et les sarcasmes du côté gauche avaient abattu l'orgueil du côté droit, quand l'arrivée de madame Servin mit fin à cette lutte d'amour-propre.

Mais mademoiselle de Monsaurin, avec cette finesse qui accompagne toujours la méchanceté, avait remarqué, analysé, commenté la prodigieuse préoccupation qui empêchait Ginevra d'entendre la dispute aigrement polie dont elle était l'objet. Alors la vengeance que mademoiselle Planta et ses compagnes tiraient de mademoiselle de Monsaurin ainsi que de son groupe, eut le fatal effet de faire rechercher par les jeunes filles nobles la cause du silence que gardait Ginevra di Piombo. La belle Italienne devint donc le centre de tous les regards, et fut épiée par ses amies comme par ses ennemies. Or il est bien difficile de cacher la plus petite émotion, le plus léger sentiment à douze jeunes filles curieuses, inoccupées, dont la malice et l'esprit ne demandent que des secrets à deviner, des intrigues à créer, à déjouer; et qui savent donner trop d'interprétations différentes à un geste, à une œillade, à une parole, pour ne pas en découvrir la véritable signification. Ainsi, au bout d'un quart-d'heure, le secret de Ginevra di Piombo fut en grand péril d'être connu.

En ce moment, la présence de madame Servin produisit un entr'acte dans le drame qui se jouait sourdement au fond de ces jeunes cœurs, et dont les sentimens, les pensées, les progrès étaient exprimés par des phrases presque allégoriques, par de malicieux coups-d'œil, par des gestes, et par le silence même, souvent plus intelligible que la parole.

Aussitôt que madame Servin entra dans l'atelier, ses yeux se portèrent sur la porte du cabinet auprès de laquelle était Ginevra. Dans les circonstances présentes, ce regard ne fut perdu pour personne; mais aucune des écolières n'y fit attention. Plus tard, mademoiselle de Monsaurin s'en souvint, et alors elle s'expliqua la défiance, la crainte et le mystère qui donnaient en ce moment quelque chose de fauve aux yeux de la jolie femme de leur maître.

— Mesdemoiselles, dit cette dernière, monsieur Servin ne pourra pas venir aujourd'hui.

Puis, complimentant chaque jeune personne, causant avec elle, et recevant de toutes une foule de ces caresses féminines qui sont autant dans la voix et dans les regards que dans les gestes, elle arriva promptement auprès de Ginevra, dominée par une inquiétude qu'elle déguisait en vain.

L'Italienne et la femme du peintre se firent un signe de tête amical. Elles restèrent toutes deux silencieuses, l'une peignant, l'autre regardant peindre. La respiration forte du militaire s'entendait facilement, mais madame Servin ne parut pas s'en apercevoir, et sa dissimulation était si grande, que Ginevra fut tentée de l'accuser d'une surdité volontaire. Cependant l'inconnu se remua dans son lit. Alors elle regarda fixement madame Servin, qui lui dit sans que son visage éprouvât la plus légère altération :

— Je ne sais à quoi donner la préférence. Votre copie est aussi belle que l'original !...

— M. Servin n'a pas mis sa femme dans la confidence de ce mystère, pensa Ginevra, qui, après avoir répondu à la jeune femme par un doux sourire d'incrédulité, fredonna une *cansonnetta* de son pays, pour couvrir le bruit que pourrait faire le prisonnier.

C'était quelque chose de si insolite que d'entendre la studieuse Italienne chanter, que toutes les jeunes filles, surprises, la regardèrent; et plus tard, cette circonstance servit de preuve aux charitables suppositions de la haine. Madame Servin s'en alla bientôt, et la séance s'acheva sans autres événemens.

Ginevra laissa partir toutes ses compagnes

sans manifester l'intention de les suivre. Elle paraissait vouloir travailler long-temps encore; mais le désir qu'elle avait de rester seule se trahissait à son insu; car à mesure que ses compagnes sortaient, elle leur jetait des regards d'impatience. Mademoiselle de Monsaurin devenue en peu d'heures une cruelle ennemie pour celle qui la primait en tout, devina, par un instinct de haine, que la feinte assiduité de sa rivale cachait un mystère. Elle avait été frappée plus d'une fois de l'air attentif avec lequel Ginevra s'était mise à écouter un bruit que personne n'entendait : mais l'expression qu'elle surprit, en dernier lieu, dans les yeux de l'Italienne, fut pour elle un trait de lumière qui l'éclaira sur ce qu'elle devait faire. Oubliant donc à dessein son sac, elle s'en alla la dernière de toutes les écolières, et descendit chez madame Servin, avec laquelle elle causa un instant. Mais, feignant de s'apercevoir que son sac lui manquait, elle remonta tout doucement à l'atelier. Elle vit Ginevra grimpant sur un échafaudage fait à la hâte, et si absorbée dans la contemplation du tableau que le trou de la cloison lui permettait de découvrir, qu'elle n'entendait même pas le léger bruit que produisaient les pas de sa compagne; mais il est vrai de dire, aussi, que, suivant une expression de Walter Scott, celle-ci marchait comme sur des œufs.

Quand mademoiselle de Monsaurin eut regagné la porte de l'atelier, elle toussa; Ginevra tressaillit, tourna la tête, vit son ennemie, devint aussi rouge que le plus éclatant coquelicot des champs, et s'empressa de détacher la serge pour donner le change sur ses intentions : mais la jeune fille avait disparu.

Ginevra descendit en hâte, rangea sa boîte à couleurs et quitta l'atelier, en emportant, gravée dans son souvenir, l'image d'une tête d'homme aussi gracieuse que celle de l'Endymion chef-d'œuvre de Girodet qu'elle avait copiée peu de jours auparavant. La figure de l'inconnu était aussi frêle, aussi blanche, aussi pure que celle du favori de Diane.

— Proscrire un homme si jeune !... Qui donc peut-il être ?...

Ces deux phrases sont l'expression la plus simple de toutes les idées que Ginevra commenta pendant deux jours.

Le surlendemain, quelque diligence qu'elle fît pour arriver la première à l'atelier, elle y trouva mademoiselle de Monsaurin qui s'y était fait conduire en voiture. Ginevra et son ennemie s'observèrent long-temps ; mais elles se composèrent des visages impénétrables l'une pour l'autre. Mademoiselle de Mausaurin avait vu la tête ravissante de l'inconnu ; mais heureusement et malheureusement tout à la fois, les aigles et l'uniforme n'étaient pas placés dans l'espace que la fente lui avait permis d'apercevoir. Alors elle se perdait en conjectures.

Tout-à-coup M. Servin arriva beaucoup plus tôt qu'à l'ordinaire.

— Mademoiselle Ginevra, dit-il après avoir jeté un coup-d'œil sur l'atelier, pourquoi vous êtes-vous mise là ?... — Le jour est mauvais. — Approchez-vous donc de ces demoiselles, et descendez votre rideau.

Puis il s'assit auprès de la jeune fille nommée Laure, et s'occupa de corriger son travail.

— Comment donc ! s'écria-t-il, voici une tête supérieurement faite !... Vous serez une seconde Ginevra.

Le maître alla de chevalet en chevalet, grondant, flattant, plaisantant, et faisant, comme toujours, plutôt craindre ses plaisanteries que ses réprimandes.

Cependant l'Italienne n'avait pas obéi aux observations du professeur. Elle était restée avec la ferme intention de ne pas s'écarter de son poste. Elle prit une feuille de papier et se mit à exécuter à la seppia la tête du pauvre reclus. Une œuvre conçue avec passion porte toujours un cachet particulier. La faculté d'imprimer aux traductions de la nature ou de la pensée des couleurs vraies, constitue le génie, et souvent la passion en tient lieu. Aussi, dans la circonstance où se trouvait Ginevra, la persécution que sa mémoire lui faisait éprouver, ou la nécessité peut-être, cette mère des grandes choses, lui prêta un talent surnaturel. La tête de l'officier fut jetée sur le papier avec un art merveilleux. Il semblait qu'un Dieu animât les yeux, la main, le pinceau de la jeune artiste. Elle éprouvait un tressaillement intérieur qu'elle attribuait à la crainte, mais dans lequel un physiologiste aurait reconnu la fièvre de l'inspiration. Son œil furtif se glissait souvent sur ses compagnes, afin de pouvoir cacher le lavis en cas d'indiscrétion de leur part; mais, malgré son active surveillance, il y eut un moment où elle n'aperçut pas le lorgnon que son impitoyable ennemie braquait sans pudeur sur le mystérieux dessin. Mademoiselle de Monsaurin reconnaissant la figure de l'inconnu, leva brusquement la tête au-dessus d'un cadre immense qui avait protégé sa trahison; mais Ginevra serra aussitôt la feuille de papier.

— Pourquoi êtes-vous donc restée là, malgré mon avis, mademoiselle?... demanda gravement le professeur à Ginevra.

L'écolière tourna vivement son chevalet de manière à ce que personne ne pût voir son tableau; puis, mettant son lavis sur la toile, elle dit d'une voix émue en le montrant à son maître :

— Ne trouvez-vous pas comme moi que ce jour est plus favorable, et ne dois-je pas rester là?...

M. Servin pâlit. Une pudique rougeur envahit le front de la jeune fille. Rien n'échappe aux yeux perçans de la haine; aussi, mademoiselle de Monsaurin se mit, pour ainsi dire, en tiers dans les émotions qui agitèrent le maître et l'écolière.

— Vous avez raison, dit M. Servin. — Mais vous en saurez bientôt plus que moi, ajouta-t-il en riant forcément.

Il y eut une pause pendant laquelle le professeur contempla la tête.

— Ceci est un chef-d'œuvre !... s'écria-t-il avec une énergie d'artiste.

Ce fut comme s'il eût donné un signal. Toutes les jeunes personnes se levèrent. Mademoiselle de Monsaurin était accourue avec la vélocité du tigre qui se jette sur sa proie. En ce moment le proscrit, éveillé sans doute, se remua. Ginevra fit tomber son tabouret, prononça des phrases assez incohérentes, et se mit à rire. Mais elle avait plié le portrait, et l'avait confié à son portefeuille avant que sa redoutable ennemie eût pu l'apercevoir. Le chevalet fut entouré, et M. Servin détailla à haute voix les beautés de la copie que faisait en ce moment son élève favorite. Tout le monde fut dupe de ce stratagème, excepté mademoiselle de Monsaurin, qui, se plaçant en arrière de ses compagnes, essaya d'ouvrir le portefeuille où elle avait vu mettre le lavis. Ginevra saisit le carton et le plaça devant elle sans mot dire. Les deux jeunes filles s'examinèrent en silence. La haine se mit entre elles.

— Allons, mesdemoiselles, à vos places!... dit M. Servin. Si vous voulez en savoir faire autant, il ne faut pas toujours parler modes ou bals, et baguenauder.

Quand toutes les jeunes personnes eurent regagné leurs chevalets, M. Servin s'assit auprès de Ginevra.

— Ne valait-il pas mieux que ce mystère fût découvert par moi que par une autre?.... dit l'Italienne en parlant à voix basse.

— Oui, répondit le peintre, car vous êtes patriote... et ne le fussiez-vous pas, ce serait encore à vous que je l'eusse confié!...

Le maître et l'écolière se jetèrent un regard profond. Ils se comprirent entièrement.

Aussi Ginevra ne craignit pas de demander :
— Qui est-ce?...
— C'est l'ami intime de Labédoyère, celui qui, après l'infortuné colonel, a contribué le plus à la réunion du septième avec les grena-

4.

diers de l'île d'Elbe... Il a été à Waterloo, il était chef d'escadron dans la garde...

— Comment n'avez-vous pas brûlé son uniforme, son shako, et ne lui avez-vous pas donné des habits bourgeois?... dit vivement Ginevra.

— On doit m'en apporter ce soir.

— Vous auriez dû fermer notre atelier pendant quelques jours.

— Il va partir.

— C'est sa perte... dit la jeune fille. Laissez-le chez vous pendant le premier moment de la tourmente... Paris est encore le seul endroit de la France où l'on puisse cacher sûrement un homme. — C'est votre ami?... demanda-t-elle.

— Non, il n'a pas d'autres titres à ma recommandation que son malheur. Voici comme il m'est tombé sur les bras : mon beau-père, qui avait repris du service pendant cette campagne, a rencontré ce pauvre jeune homme, et l'a très subtilement sauvé des griffes de ceux qui ont arrêté Labédoyère. Il voulait le défendre, l'insensé!...

— C'est vous qui le nommez ainsi?... s'écria Ginevra en lançant un regard de surprise au peintre, qui garda le silence un moment.

— Mon beau-père est trop espionné pour pouvoir garder quelqu'un chez lui, reprit-il; il me l'a amené nuitamment la semaine dernière. Et j'avais espéré le dérober à tous les yeux en le mettant dans ce coin, le seul endroit de la maison où il soit en sûreté.

— Si je puis vous être utile, s'écria doucement la jeune fille, employez-moi!...

— Eh bien! nous le consulterons... répondit le peintre.

Cette conversation dura trop long-temps pour ne pas être remarquée de toutes les jeunes filles. M. Servin quitta Ginevra, revint encore à chaque chevalet, et donna de si longues leçons qu'il était encore sur l'escalier quand sonna l'heure à laquelle ses écolières avaient l'habitude de partir.

— Vous oubliez votre sac, mademoiselle de Monsaurin!... s'écria le professeur en courant après la jeune fille qui descendait jusqu'au métier d'espion pour satisfaire sa haine.

La curieuse élève vint chercher son sac, en manifestant un peu de surprise de son étourderie ; mais le soin de M. Servin fut pour elle une nouvelle preuve de l'existence d'un mystère dont elle avait déjà soupçonné la gravité. Elle avait déjà inventé tout ce qui devait être, et pouvait dire comme l'abbé Vertot :

— *Mon siége est fait.*

Elle descendit bruyamment l'escalier et tira violemment la porte qui donnait dans l'appartement de M. Servin, afin de faire croire qu'elle sortait; mais elle remonta doucement, et se tint derrière la porte de l'atelier.

Quand le peintre et Ginevra se crurent seuls, le premier frappa d'une certaine manière à la porte de la mansarde, qui, aussitôt, tourna sur ses gonds rouillés et criards. L'Italienne vit paraître un jeune homme grand et bien fait, dont l'uniforme impérial lui fit battre le cœur. L'officier avait un bras en écharpe, et la pâleur de son teint accusait de vives souffrances. En apercevant une inconnue il tressaillit et jeta un cri.

Mademoiselle de Monsaurin, qui ne pouvait rien voir, trembla de rester plus long-temps. Il lui suffisait d'avoir entendu et le cri de l'officier et le grincement de la porte. Elle s'en alla sans bruit.

— Ne craignez rien, dit le peintre à l'officier, Mademoiselle est la fille du plus fidèle ami de l'empereur, le baron de Piombo.

Le jeune militaire ne conserva plus de doute sur le patriotisme de Ginevra, après l'avoir vue. Elle avait en ce moment une expression céleste.

— Vous êtes blessé, dit-elle d'un son de voix qui trahissait une émotion profonde.

— Oh! ce n'est rien, mademoiselle : la plaie se referme.

En ce moment, les voix criardes et perçantes des colporteurs arrivèrent jusqu'à l'atelier.

— Voici le jugement qui condamne à mort...

Tous trois tressaillirent. Le soldat entendit, le premier, un nom qui le fit pâlir; il chancela et s'assit.

— C'est Labédoyère... dit-il.

Ils se regardèrent en silence. Des gouttes de sueur se formèrent sur le front livide du jeune homme. Il saisit, d'une main, et par un geste de désespoir, les touffes noires de sa chevelure, et appuya son coude sur le bord du chevalet de Ginevra.

— Après tout, dit-il en se levant brusquement, Labédoyère et moi savions ce que nous faisions... Nous connaissions le sort qui nous attendait après le triomphe comme après la chute. Il meurt pour sa cause, et moi je me cache!...

Il alla précipitamment vers la porte de l'atelier ; mais, plus leste que lui, Ginevra s'était élancée et lui en barrait le chemin.

— Rétablirez-vous l'empereur?... dit-elle ; croyez-vous pouvoir relever un géant quand il n'a pas su lui-même rester debout?...

Le jeune homme revint lentement vers le peintre immobile.

— Que voulez-vous que je devienne?... dit-il en s'adressant aux deux amis que lui avait envoyés le hasard. Je n'ai pas un seul parent dans le monde. L'empereur était mon père, et Labédoyère mon ami. — Ma famille, c'était eux. Je suis seul. Demain je serai peut-être proscrit ou condamné. Je n'ai jamais eu que ma paie pour fortune. J'ai mangé mon dernier écu pour venir arracher Labédoyère à son sort, et tâcher de l'emmener. La mort est donc une nécessité pour moi. — C'est un asile sans danger! — Quand on est décidé à mourir, il faut savoir vendre sa tête au bourreau. Je pensais tout à l'heure que la vie d'un honnête homme vaut bien celle de deux traîtres, et qu'un coup de poignard peut donner l'immortalité !...

Cet accès de désespoir effraya le peintre et Ginevra elle-même; mais elle comprit le jeune homme. Elle admira cette belle tête et cette voix délicieuse dont la douceur était à peine altérée par des accens de fureur. Puis, elle jeta tout-à-coup du baume sur toutes les plaies de l'infortuné.

— Monsieur, dit-elle, quant à votre détresse pécuniaire, permettez-moi de vous offrir huit cents francs... Ils sont à moi. Mon père est riche, je suis son seul enfant, il m'aime, et je suis bien sûre qu'il ne me blâmera pas... Ne vous faites pas scrupule d'accepter. Nos biens viennent de l'empereur: nous n'avons pas un centime qui ne soit un souvenir de sa munificence. N'est-ce pas être reconnaissans que d'obliger un de ses fidèles soldats?... Prenez donc cette somme avec aussi peu de façons que j'en mets à vous l'offrir. Ce n'est que de l'argent!... ajouta-t-elle d'un ton de mépris.

— Maintenant, quant à des amis... vous en trouverez.

Là, elle leva fièrement la tête, et ses yeux brillèrent d'un éclat inusité.

— La tête qui tombera demain devant une douzaine de fusils sauve la vôtre!... reprit-elle. Attendez que cet orage passe, et vous pourrez aller chercher du service à l'étranger, si l'on vous oublie...

Il existe dans les consolations que donne une femme une délicatesse qui a toujours quelque chose de maternel, de prévoyant, de complet; mais quand, à ces paroles de paix et d'espérance, se joignent la grâce des gestes, cette éloquence de ton qui vient du cœur, et que surtout la bienfaitrice est belle, il est difficile à un homme de résister.

Le jeune officier aspira l'amour par tous les sens: il était ravi. Une légère teinte rose nuança ses joues blanches, ses yeux perdirent un peu de la mélancolie qui les ternissait, et il dit d'un son de voix particulier:

— Vous êtes un ange de bonté!... — Mais

Labédoyère... ajouta-t-il, Labédoyère!...

A ce cri, ils se regardèrent tous trois en silence, et ils se comprirent. Ce n'étaient plus des amis de vingt minutes, mais de vingt ans.

— Mon cher, reprit M. Servin, pouvez-vous le sauver?...

— Non; mais je puis le venger!...

Ginevra tressaillit.

L'inconnu était peut-être trop beau pour un homme, et cependant son aspect n'avait point ému la jeune fille; car la douce pitié que les femmes trouvent dans leur cœur pour les misères qui n'ont rien d'ignoble, avait étouffé chez Ginevra toute autre affection; mais entendre un cri de vengeance, rencontrer dans ce proscrit une âme italienne, du dévouement pour Napoléon, de la générosité... c'en était trop pour elle.

Elle le contempla donc avec une émotion respectueuse qui lui agita fortement le cœur. C'était la première fois qu'un homme lui faisait éprouver un sentiment aussi vif. Elle se plut à mettre l'âme de l'inconnu en harmonie avec la beauté distinguée de ses traits et avec les heureuses proportions de sa taille, qu'elle admirait en artiste. Elle avait été menée, par le hasard, de la curiosité à la pitié, de la pitié à un intérêt si puissant, à des sensations si profondes, qu'elle crut dangereux de rester là plus longtemps.

— A demain !... dit-elle en laissant à l'officier le plus doux de ses sourires pour consolation.

En voyant ce sourire, qui jetait comme un nouveau jour sur la figure de Ginevra, l'inconnu oublia tout pendant un instant. Une péri indienne n'aurait pas été plus belle.

— Demain, répondit-il bientôt avec tristesse, demain, Labédoyère...

Ginevra se retourna, mit un doigt sur ses lèvres, et le regarda comme si elle lui disait :

— Calmez-vous, soyez prudent...

Alors le jeune homme s'écria : — *O Deo! che non vorrei vivere dopo vaverla eduta !...* (O Dieu! qui ne voudrait vivre, après l'avoir vue!)

L'accent particulier avec lequel il prononça cette phrase fit tressaillir Ginevra.

— Vous êtes Corse ?... s'écria-t-elle en revenant à lui, le cœur palpitant d'aise.

— Je suis né en Corse, répondit-il, mais j'ai été amené très jeune à Gênes; et aussitôt que j'eus atteint l'âge auquel on entre au service militaire, je me suis engagé.

La beauté de l'inconnu n'était plus rien pour Ginevra. L'attrait surnaturel que lui prêtaient ses opinions bonapartistes, sa blessure, son malheur, son danger même, tout disparut, ou plutôt tout se fondit dans un seul sentiment, nouveau, délicieux. Ce proscrit parlait le langage chéri de Ginevra, c'était un enfant de la Corse. La jeune fille resta un moment immobile, retenue par une sensation magique. Elle avait en effet sous les yeux un tableau vivant auquel tous les sentimens humains réunis et le hasard donnaient de bien vives couleurs.

D'après l'invitation de M. Servin, l'officier s'était assis sur un divan; et le peintre, ayant dénoué l'écharpe qui retenait le bras de son hôte, s'occupait à en défaire l'appareil afin de panser la blessure. Ginevra frissonna en voyant la longue et large plaie que la lame d'un sabre avait faite sur l'avant-bras du jeune homme. Elle laissa échapper un cri. L'inconnu leva la tête vers elle et se mit à sourire. Il y avait quelque chose de touchant et qui allait à l'âme dans l'attention avec laquelle le peintre enlevait la charpie et tâtait les chairs meurtries, tandis que la figure du blessé, quoique pâle et maladive, exprimait, à l'aspect de la jeune fille, plus de plaisir que de souffrance. Une artiste devait admirer involontairement cette opposition de sentimens, et les contrastes que produisaient la blancheur des linges, la nudité du bras, avec l'uniforme bleu et rouge de l'officier.

En ce moment, une obscurité douce enveloppait l'atelier. Le soleil illuminait d'un dernier rayon la place où se trouvait le proscrit, de sorte que sa noble et blanche figure, ses cheveux noirs, ses vêtemens, tout était inondé par le jour. Ce fut comme un présage pour la superstitieuse Italienne. L'inconnu ressemblait ainsi à un ange de lumière. Il venait de lui faire entendre le langage de leur patrie, et alors Ginevra était sous le charme des souvenirs de son enfance, pendant que dans son cœur naissait un sentiment aussi frais, aussi pur que son premier âge d'innocence. Un silence profond régnait: tout concourut à graver cette scène dans la mémoire de Ginevra. Elle demeura, pendant un moment bien court, songeuse et comme plongée dans une pensée infinie ; puis, rougissant de laisser voir sa préoccupation, elle échangea un doux, mais bien rapide regard avec le proscrit, et s'enfuit en le voyant toujours.

Le lendemain, Ginevra vint à l'atelier; et, comme ce n'était pas jour de leçon, le prisonnier resta auprès de sa compatriote. M. Servin ayant précisément une esquisse à terminer, permit au reclus de demeurer dans l'atelier, et servit de mentor aux deux jeunes gens, qui s'entretinrent souvent en italien.

Le pauvre soldat raconta les souffrances qu'il avait éprouvées pendant la déroute de Moscou. Il s'était trouvé, à l'âge de dix-neuf ans, au passage de la Bérésina, seul de son régiment, ayant perdu ses camarades, les seuls hommes qui pussent s'intéresser à un orphelin. Il peignit en traits de feu le grand désastre de Waterloo. Sa voix était une musique pour l'Italienne. Ginevra n'avait pas été élevée à la française : elle était, en quelque sorte, la fille de la nature, et ignorait le mensonge. Il y avait de la naïveté dans la puissance de son caractère et de sa beauté ; car elle se livrait sans détour à ses impressions, et les avouait, ou plutôt les laissait deviner sans le manége de cette coquetterie petite et calculatrice des jeunes filles de Paris. Aussi, pendant cette journée, elle resta plus d'une fois, sa palette d'une main, son pinceau de l'autre, sans que le pinceau s'abreuvât des couleurs de la palette. Les yeux attachés sur l'officier et la bouche légèrement entr'ouverte, elle écoutait, se tenant toujours prête à donner un coup de pinceau qu'elle ne donnait jamais. Elle ne s'étonnait pas de trouver tant de douceur dans les yeux du jeune homme, car elle sentait les siens devenir doux malgré sa volonté. Puis, elle peignait ensuite avec une attention particulière et pendant des heures entières, sans lever la tête, parce qu'il était là, près d'elle, la regardant travailler. La première fois qu'il vint s'asseoir pour la contempler en silence, elle lui dit d'un son de voix ému et après une longue pause :

— Cela vous amuse donc de voir peindre?...

Ce jour-là elle apprit qu'il se nommait Louis. Ils convinrent, avant de se séparer, que, les jours d'atelier, s'il arrivait quelque évènement politique important, Ginevra l'en instruirait en chantant, à voix basse, des airs italiens.

Le lendemain, mademoiselle de Monsaurin apprit, sous le secret, à toutes ses compagnes que Ginevra di Piombo était aimée d'un jeune homme qui venait, pendant les heures consacrées aux leçons, s'établir dans le cabinet noir de l'atelier.

— Vous qui prenez son parti, dit-elle à mademoiselle Planta, examinez-la bien, et vous verrez à quoi elle passera son temps.

Ginevra fut donc observée avec une attention diabolique. On écouta ses chansons capricieuses, on épia ses regards. Au moment où elle ne croyait être vue de personne, une douzaine d'yeux étaient incessamment arrêtés sur elle. Ainsi prévenues, ces jeunes filles interprétèrent dans leur sens vrai les agitations qui passèrent sur la brillante figure de l'Italienne, et ses gestes, et l'accent particulier de ses fredonnemens, et l'air attentif dont elle écoutait des sons indistincts qu'elle seule entendait à travers la cloison.

Au bout d'une huitaine de jours, il n'y avait qu'une seule des quinze élèves de M. Servin qui n'eût pas trouvé le moyen de voir Louis par la crevasse de la cloison.... c'était Laure, cette jeune et jolie personne, pauvre et assidue, qui, par un instinct de faiblesse, aimait véritablement Ginevra, et la défendait encore. Mademoiselle Planta voulut faire rester Laure sur l'escalier à l'heure du départ, afin de lui prouver l'intimité de Ginevra et du beau jeune homme en les surprenant ensemble ; mais Laure refusa de descendre à un espionnage que la curiosité ne justifiait pas : aussi devint-elle l'objet d'une réprobation universelle.

Le comte de Monsaurin ayant été nommé pair de France, son impertinente fille trouva qu'il était au-dessous de sa dignité de venir à l'atelier d'un peintre, et surtout d'un peintre dont les opinions avaient une teinte de patriotisme ou de bonapartisme, ce qui, a cette époque, était une seule et même chose. Elle ne revint donc plus chez M. Servin, qui refusa poliment d'aller chez elle. Elle oublia facilement Ginevra ; mais le mal qu'elle avait semé devait porter ses fruits.

En effet, insensiblement, et soit par hasard, par caquetage ou par pruderie, toutes les autres jeunes personnes instruisirent leurs mères de l'étrange aventure qui se passait à l'atelier. Ce fut une rumeur générale dans toutes les familles. Un jour mademoiselle Planta ne vint pas; et la leçon suivante ce fut une autre jeune fille. Enfin trois ou quatre demoiselles, qui étaient restées les dernières, ne revinreut plus.

L'atelier resta désert. Ginevra et mademoiselle Laure, sa petite amie, furent pendant deux ou trois jours les seules habitantes de cette vaste solitude. L'Italienne ne s'apercevait point de l'abandon dans lequel elle se trouvait, et ne recherchait même pas la cause de l'absence de ses compagnes. Ayant inventé depuis peu des moyens de correspondre mystérieusement avec Louis, elle vivait à l'atelier comme dans une délicieuse retraite, seule au milieu d'un monde, ne pensant qu'à l'officier et aux dangers qui le menaçaient.

Cette jeune fille, si admiratrice des nobles caractères, prêchait Louis, afin qu'il se soumît promptement à l'autorité royale; mais Louis ne voulait pas sortir de sa cachette. Si les passions ne naissent et ne grandissent que sous

5.

l'influence d'évènemens extraordinaires et romanesques, on peut dire que jamais tant de circonstances ne concoururent à lier deux êtres par un même sentiment. L'amitié de Ginevra pour Louis et de Louis pour elle fit plus de progrès en un mois qu'une amitié du monde n'en fait en dix ans dans un salon. L'adversité est la pierre de touche des caractères ; or, Ginevra put apprécier facilement Louis et le connaître. Ils ressentirent bientôt une estime réciproque l'un pour l'autre. Puis, Ginevra étant plus âgée que Louis, trouvait une douceur extrême à être courtisée par un jeune homme déjà si grand, si éprouvé par le sort, et qui joignait, à l'expérience d'un homme de trente ans, la beauté, les grâces de l'adolescence. De son côté, Louis ressentait un indicible plaisir à se laisser protéger en apparence par une jeune fille de vingt-cinq ans. Il y avait dans ce sentiment un certain orgueil inexplicable. C'était une preuve d'amour. Mais l'union de la force et de la faiblesse, de la douceur et de la fierté, avait en Ginevra d'irrésistibles attraits, et Louis était entièrement subjugué par elle. Ils s'aimaient si profondément déjà, qu'ils n'avaient eu besoin ni de se le dire, ni de le nier. Une exquise délicatesse, un naturel enchanteur présidaient à leur douce vie.

Un jour, et vers le soir, Ginevra entendit un signal favori. Louis frappait avec une épingle sur la boiserie, de manière à ne pas produire plus de bruit qu'une araignée essayant d'attacher ses réseaux. Il demandait ainsi à sortir de sa retraite. L'Italienne jeta un coup-d'œil dans l'atelier, et ne voyant pas la petite Laure, elle répondit au signal. Louis ouvrit la porte, mais comme il était debout et que sa vue plongeait sur l'atelier, il aperçut la modeste jeune fille, et rentra précipitamment. Ginevra étonnée se leva; elle vit Laure, et allant aussitôt auprès d'elle :

— Vous restez bien tard, mon cher ange, lui dit-elle. Cette tête me paraît pourtant achevée. Il n'y a plus qu'un reflet à indiquer sur le haut de cette tresse de cheveux.

— Vous seriez bien bonne, dit Laure d'une voix émue, si vous vouliez me corriger cette copie; au moins je pourrais conserver quelque souvenir de vous...

— Je veux bien, répondit Ginevra, sûre de

pouvoir ainsi la congédier.—Je croyais, reprit-elle en donnant de légers coups de pinceau, que vous aviez beaucoup de chemin à faire pour venir à l'atelier.

— Oh! Ginevra, je vais m'en aller!... s'écria la jeune fille en pleurant, et pour toujours...

L'Italienne ne fut pas autant affectée de ces paroles pleines de mélancolie qu'elle l'eût été un mois auparavant.

—Vous quittez M. Servin? demanda-t-elle.

—Vous ne vous apercevez donc pas, Ginevra, que depuis quelque temps il n'y a plus ici que vous et moi.

— C'est vrai!... répondit Ginevra, frappée tout-à-coup comme par un souvenir... Ces demoiselles seraient-elles malades?... se marieraient-elles?... ou leurs pères seraient-ils tous arrivés à la pairie?...

— Toutes ont quitté M. Servin... répondit Laure.

— Et pourquoi?

— A cause de vous, Ginevra!

— De moi! répéta l'Italienne en se levant, le front menaçant, l'air fier et les yeux étincelans.

— Oh ! ne vous fâchez pas, ma bonne demoiselle Ginevra, s'écria douloureusement Laure. Mais ma mère aussi veut que je quitte l'atelier. Toutes ces demoiselles ont dit que vous aviez un amant, que M. Servin se prêtait à ce qu'il demeurât dans le cabinet noir... Je ne l'ai jamais cru ; et je n'en ai rien dit à ma mère ; mais hier au soir, madame Planta, qui l'a rencontrée dans un bal, lui a demandé si elle m'envoyait toujours ici ; sur la réponse affirmative que ma mère lui a faite, elle lui a répété toutes les calomnies de ces demoiselles. Maman m'a bien grondée, car elle a prétendu que je devais savoir tout cela, et que j'avais manqué de confiance en elle en ne l'en instruisant pas. O ma chère Ginevra ! moi qui vous prenais pour modèle et à qui j'aurais tant voulu ressembler !... Ah ! que je suis fâchée de ne plus pouvoir être votre amie... Mais prenez garde ! madame Planta et ma mère doivent venir demain chez M. Servin, pour lui faire des reproches.

La foudre tombée à deux pas de Ginevra l'aurait moins étonnée que cette révélation.

— Qu'est-ce que cela leur faisait?... dit-elle naïvement.

— Tout le monde trouve cela fort mal. Maman dit que c'est contre les mœurs...

— Et vous, Laure, qu'en pensez-vous ?...

La jeune fille regarda Ginevra. Leurs pensées se confondirent. Laure ne retint plus ses larmes, se jeta au cou de son amie et l'embrassa.

En ce moment, M. Servin arriva.

— Mademoiselle Ginevra, dit-il avec enthousiasme, j'ai fini mon tableau!... on le vernit! — Qu'avez-vous donc?... Il paraît que toutes ces demoiselles prennent des vacances, ou sont à la campagne...

Laure ayant promptement séché ses larmes, salua M. Servin, et se retira.

— Voici trois jours que l'atelier est désert... dit Ginevra. Ces demoiselles ne reviendront plus.

— Bah!...

— Oh, ne riez pas!... reprit Ginevra, écoutez-moi. Je suis la cause involontaire de la perte de votre réputation...

L'artiste se mit à sourire, et dit en interrompant son écolière :

—Ma réputation! mais, dans quelques jours, mon tableau sera exposé.

— Il ne s'agit pas de votre talent, dit l'Italienne. Ces demoiselles ont publié que M. Louis était renfermé ici, qu'il m'aimait, que vous le saviez, et que vous vous prêtiez... à... notre amour...

— Il y a du vrai là-dedans, mademoiselle, répondit le professeur.

Ginevra rougit.

— Les mères de ces demoiselles sont des bégueules, reprit-il. Si elles étaient venues me trouver, tout se serait expliqué; mais que je prenne du souci de tout cela? la vie est trop courte!

Et le peintre fit craquer ses doigts par-dessus sa tête.

Louis, qui avait entendu une partie de cette conversation, accourut aussitôt.

— Vous allez perdre toutes vos écolières! s'écria-t-il, et je vous aurai ruiné.

L'artiste, prenant la main de Louis et celle de Ginevra, les joignit.

— Vous vous marierez, mes enfans... leur demanda-t-il avec une touchante bonhomie.

Ils baissèrent tous deux les yeux, et leur silence fut le premier aveu qu'ils se firent.

— Eh bien! reprit M. Servin, vous serez heureux, n'est-ce pas? Y a-t-il quelque chose qui puisse payer le bonheur de deux êtres tels que vous?...

— Je suis riche!... dit Ginevra, et vous me permettrez de vous indemniser...

— Indemniser! s'écria M. Servin. Quand on saura que j'ai été victime des calomnies de quelques sottes, que je cachais un proscrit, mais tous les libéraux de Paris m'enverront leurs filles : alors je serai peut-être votre débiteur...

Louis serrait la main de son protecteur sans pouvoir prononcer une parole; mais enfin il lui dit d'une voix attendrie:

— C'est donc à vous que je devrai ma Ginevra et toute ma félicité...

— Soyez heureux! dit le peintre avec une onction comique et en imposant les mains sur la tête des deux amans, je vous unis!

Cette plaisanterie d'artiste mit fin à leur attendrissement. Ils se regardèrent tous trois en riant, car ils étaient tous trois pleins de naturel.

l'Italienne serra la main de Louis par une violente étreinte et avec une simplicité d'action dignes des mœurs de sa patrie.

Ce fut un de ces momens de fête dont le souvenir devait être éternel.

— Ah ça, mes chers enfans, reprit M. Servin, vous croyez que tout va maintenant à merveille? — Eh bien vous vous trompez.

Les deux amans l'examinèrent avec étonnement.

— Rassurez-vous, je suis le seul que votre espièglerie embarrasse! Madame Servin est un peu *collet-monté*, et je ne sais en vérité pas comment nous nous arrangerons avec elle...

— Dieu! j'oubliais! s'écria Ginevra. Demain madame Planta et la mère de Laure doivent venir vous...

— J'entends! dit le peintre en interrompant.

— Mais vous pouvez vous justifier, reprit la jeune fille en laissant échapper un geste de tête plein d'orgueil. — Monsieur Louis, dit-elle en se tournant vers lui en le regardant avec finesse, ne doit plus avoir d'antipathie pour le gouvernement royal?...

Louis se mit à sourire.

— Eh bien, reprit-elle, demain matin j'enverrai une pétition à l'un des personnages les plus influens du ministère de la guerre, à un homme qui ne peut rien refuser à la fille du baron de Piombo. Nous obtiendrons un pardon tacite pour le commandant Louis. — Et vous pourrez, ajouta-t-elle en s'adressant à M. Servin, confondre les mères de mes charitables compagnes en leur disant la vérité.

— Vous êtes un ange!... s'écria M. Servin.
Cette scène décida de l'avenir de Ginevra.

LA DÉSOBÉISSANCE.

— Il est six heures, et Ginevra n'est pas encore de retour !... s'écria Bartholoméo.

— Elle n'est jamais rentrée si tard ! répondit la femme de Piombo.

Les deux vieillards se regardèrent avec toutes les marques d'une anxiété peu ordinaire. Bartholoméo, trop agité pour rester en place, se leva et fit deux fois le tour de son salon assez lestement pour un homme de soixante-dix-sept ans.

Grâces à sa constitution robuste, Piombo avait subi peu de changemens depuis le jour de son arrivée à Paris. Malgré sa haute taille il se tenait encore droit; mais ses cheveux, devenus blancs et rares, laissaient à découvert un crâne large et protubérant qui donnait une haute idée de son caractère et de sa fermeté. Sa figure avait pris un très grand développement et gardait ce teint pâle qui inspire la vénération. Tous ses traits étaient marqués de rides profondes. La fougue des passions régnait encore dans le feu surnaturel de ses yeux, dont les sourcils n'avaient pas entièrement blanchi, et qui conservaient leur terrible mobilité. L'aspect de cette tête était sévère, mais on voyait que Bartholoméo avait le droit d'être ainsi. Sa bonté, sa douceur n'étaient guère connues que de sa femme et de sa fille ; car, dans ses fonctions ou devant un étranger, il ne déposait jamais la majesté que le temps imprimait à sa figure et à sa personne. Il avait même l'habitude de froncer ses gros sourcils et son front, de contracter les rides de son visage, et de donner une fixité à son regard qui le rendait réellement peu abordable.

Pendant le cours de sa vie politique il avait été si généralement craint, qu'il passait pour peu sociable. Mais il n'est pas difficile d'expliquer comment il s'était attiré cette réputation. La vie, les mœurs et la fidélité de Piombo faisaient la censure de la plupart des courtisans.

Bartholoméo avait la probité la plus sévère. Malgré les missions délicates dont il fut chargé et qui eussent été lucratives pour tout autre, il ne possédait pas plus d'une douzaine de mille livres de rente en inscriptions sur le grand-livre. Or, si l'on vient à songer au bon marché des rentes sous l'empire et à la libéralité de Napoléon envers ceux de ses fidèles serviteurs qui savaient parler, il est facile de voir que le baron de Piombo était un homme d'une trempe peu commune. Il ne devait même son plumage [1] de baron qu'à la nécessité dans laquelle Napoléon avait cru être de revêtir d'un titre son envoyé secret auprès d'une puissance étrangère. Bartholoméo avait toujours professé une haine

---

[1] Les perles dont les couronnes héraldiques sont surmontées avaient été remplacées par des plumes dans les armoiries de la noblesse impériale.

implacable pour les traîtres dont Napoléon était entouré. Ce fut lui qui, dit-on, fit trois pas vers la porte du cabinet de l'empereur, après lui avoir donné le conseil de se débarrasser de trois hommes en France, la veille du jour où il partit pour sa célèbre et admirable campagne de 1814.

Depuis le 8 juillet, Bartholoméo ne portait plus la décoration de la Légion-d'Honneur. Enfin, jamais homme n'offrit une plus belle image de ces vieux républicains, amis incorruptibles de l'empire, et qui restaient comme les vivans débris des deux gouvernemens les plus énergiques que le monde ait connus. Si le baron de Piombo déplaisait à quelques courtisans, il avait les Daru, les Drouot, les Carnot pour amis. Aussi, quant au reste des hommes politiques, depuis le 8 juillet surtout, il s'en souciait autant que des bouffées de fumée qu'il tirait de son cigare.

La prophétie de Napoléon s'était réalisée; car Piombo avait acquis, moyennant la somme assez modique que *Madame*, mère de l'empereur, lui avait donnée de ses propriétés en Corse, l'ancien hôtel des comtes de Givry, dans lequel il n'avait fait aucun changement. Presque toujours logé aux frais du gouvernement, il n'habitait cette maison que depuis la catastrophe de Fontainebleau. Suivant l'habitude des gens simples et de haute vertu, le baron et sa femme ne donnaient rien au faste extérieur : les meubles étaient rares chez eux, et la plupart provenaient de l'ancien ameublement de l'hôtel. Mais il faut dire aussi que les grands appartemens, hauts d'étage, sombres et nus de cette demeure, les larges glaces encadrées dans de vieilles bordures dorées et presque noires, étaient merveilleusement en rapport avec Bartholoméo et sa femme, personnages dignes de l'antiquité.

Sous l'empire, et pendant les cent jours, Bartholoméo, exerçant des fonctions largement rétribuées, avait eu un grand train de maison ; mais c'était plutôt dans le but de faire honneur à sa place que dans le dessein de briller. Sa vie et celle de sa femme étaient si frugales, si tranquilles, que leur modeste fortune était plus que suffisante à leurs besoins: A leurs yeux, Ginevra valait toutes les richesses du monde ; elle faisait leur bonheur, et tout était subordonné à ses désirs, et même à ses caprices. Sa parole était la loi de la maison.

Quand, en mai 1814, le baron de Piombo quitta sa place, congédia ses gens et ferma la porte de son écurie, Ginevra n'eut aucun regret. Elle était simple et sans faste comme ses parens. A l'exemple des grandes âmes elle mettait son luxe dans la force des sentimens, et sa félicité dans la solitude et le travail. Puis, ces trois êtres s'aimaient trop pour que les dehors de l'existence eussent quelque prix à leurs yeux.

Souvent, et surtout depuis la seconde et effroyable chute de Napoléon, Bartholoméo et sa femme passaient des soirées délicieuses à entendre Ginevra toucher du piano ou chanter. Il y avait pour eux un immense secret de plaisir dans la présence, dans la moindre parole de leur fille. Ils la suivaient des yeux avec une tendre inquiétude. Ils entendaient son pas dans la cour, quelque léger qu'il pût être. Semblables à des amans, ils savaient rester des heures entières silencieux tous trois, entendant mieux que par des paroles l'éloquence de leurs âmes. Ce sentiment profond était la vie des deux vieillards et animait toutes leurs pensées. Ce n'étaient pas trois vies humaines, c'en était plutôt une seule, qui, semblable à la flamme d'un foyer, se divisait en trois langues de feu.

Quelquefois le souvenir des bienfaits et du malheur de Napoléon, ou la politique du moment, triomphaient de la constante sollicitude des deux vieillards ; mais c'était parce que Ginevra partageait toutes leurs passions politiques. L'ardeur avec laquelle ils se réfugiaient dans le riche cœur de leur unique enfant était toute naturelle. Jusqu'alors, les occupations d'une vie publique avaient absorbé l'énergie peu commune de Piombo ; mais en quittant les emplois, le Corse eut besoin de rejeter son énergie dans le dernier sentiment qui lui restât. Puis, à part les liens qui unissent un père et une mère à leur fille, il y avait peut-être, à l'insu de ces trois âmes despotiques, une puissante raison au fanatisme de leur passion réciproque : ils s'aimaient sans partage. Le cœur tout entier de Ginevra appartenait à son père, comme à elle celui de Piombo. Enfin, s'il est vrai que nous nous attachions les uns aux autres plus par nos défauts que par nos qualités, Ginevra répondait merveilleusement bien à toutes les passions de son père.

De là procédait la seule imperfection de cette triple vie.

Ginevra était entière dans ses volontés, vindicative, emportée comme Bartholoméo l'avait été pendant sa jeunesse. Le Corse s'était complu à développer ces sentimens sauvages dans le cœur de sa fille, absolument comme un lion apprend à ses lionceaux à fondre sur une proie. Mais cet apprentissage de vengeance ne pouvant en quelque sorte se faire qu'au logis paternel, Ginevra ne pardonnait rien à son père, et il fallait qu'il lui cédât.

Piombo ne voyait que des enfantillages dans ces querelles factices ; mais Ginevra avait pris l'habitude de dominer ses parens. Au milieu de ces tempêtes que Bartholoméo aimait à exciter, un mot de tendresse, un regard suffisaient pour apaiser leurs âmes courroucées, et ils n'étaient jamais si près d'un baiser que quand ils se menaçaient

Cependant, depuis cinq années environ,

Ginevra, devenue plus sage que son père, évitait constamment ces sortes de scènes. Sa fidélité, son dévouement, l'amour qui triomphait dans toutes ses pensées et son admirable bon sens avaient fait justice de ses colères.

Mais il n'en était pas moins résulté un bien grand mal ; car Ginevra vivait avec son père et sa mère sur le pied d'une égalité toujours funeste.

Enfin, pour achever de faire connaître tous les changemens survenus chez ces trois personnages depuis leur arrivée à Paris, Piombo et sa femme n'ayant point d'instruction, avaient laissé Ginevra étudier à sa fantaisie. Au gré de ses caprices de jeune fille, elle avait tout appris et tout quitté : reprenant et laissant chaque pensée tour à tour, jusqu'à ce que la peinture fût devenue sa passion dominante. Elle avait plutôt en musique le sentiment de cet art, que de l'instruction ; mais son âme suffisait à tout ; car elle la portait sur tout, et c'eût été une créature parfaite, si elle eût eu une mère capable de diriger ses études, de l'éclairer et de mettre en harmonie les présens dont la nature avait été prodigue envers elle. Sa grâce était native, et ses défauts venaient de la funeste éducation que le Corse avait pris plaisir à lui donner.

Après avoir fait plier sous ses pas les feuilles du parquet, le grand vieillard sonna. Un domestique parut.

— Allez au devant de mademoiselle Ginevra, dit-il.

— J'ai toujours regretté notre voiture pour elle!... observa la baronne.

— Elle n'en a pas voulu!... répondit Piombo en regardant sa femme, qui, accoutumée depuis quarante ans à son rôle d'obéissance, baissa les yeux.

La baronne était presque septuagénaire. Elle était grande, sèche, pâle, ridée, et ressemblait parfaitement à ces vieilles femmes que Schnetz et Fleury mettent dans les scènes italiennes de leurs tableaux de genre. Elle était presque toujours silencieuse, et on l'eût prise pour une nouvelle madame Shandy, si un mot, un regard, un geste n'avaient pas annoncé que ses sentimens gardaient toute la vigueur et la fraîcheur de la jeunesse. Sa toilette, dépouillée de coquetterie, manquait souvent de goût. Elle restait habituellement passive, plongée dans une bergère, au repos, comme une sultane *Validé*, attendant ou admirant sa Ginevra, son orgueil et sa vie. La beauté, la toilette, la grâce de sa fille, semblaient être devenues siennes. Tout pour elle était bien quand Ginevra était heureuse. Ses cheveux avaient blanchi, et quelques mèches se voyaient toujours au-dessus de son front blanc et ridé, ou le long de ses joues creuses.

— Voilà un mois environ, dit-elle, que Ginevra rentre un peu plus tard....

— Jean n'ira pas assez vite !... s'écria l'impatient vieillard. Puis, croisant avec brusquerie les basques de son habit bleu, il saisit son chapeau, l'enfonça sur sa tête, prit sa canne, et partit.

— Tu n'iras pas loin !... lui cria sa femme.

En effet, la porte cochère s'était refermée, et la vieille mère entendait la soie de la robe de Ginevra crier dans la cour.

Bartholoméo reparut tout-à-coup portant en triomphe, comme si c'eût été une plume, sa fille qui se débattait dans ses bras.

— La voici !... la Ginevra, la Ginevrettina, la Ginevrina, la Ginevrola, la Ginevretta, la Ginevra bella !....

— Mon père, vous me faites mal !..., cria-t-elle enfin.

Aussitôt elle fut posée à terre avec une sorte de respect. Elle agita la tête par un gracieux mouvement pour dire à sa mère que c'était une ruse, et la rassurer, car elle s'effrayait déjà. Aussitôt le visage terne et pâle de la baronne reprit des couleurs et une espèce de gaieté comme par enchantement. Piombo se frottait les mains avec une force extrême, symptôme le plus certain de sa joie. Il avait pris cette habitude à la cour, en voyant Napoléon se mettre en colère contre ceux de ses généraux ou de ses ministres qui le servaient mal ou qui avaient commis quelque faute. Tous les muscles de sa figure s'étaient détendus, et la moindre ride de son front exprimait la bienveillance. Ces deux vieillards offraient, en ce moment, une image exacte de ces plantes souffrantes auxquelles un peu d'eau donne la vie.

— A table, à table ! s'écria Piombo.

Et il présenta sa large main à Ginevra, en

la nommant — Signora Piombella ! autre symptôme de gaieté.

La coquette lui lança le plus doux de ses regards.

—Ah ça, lui dit Piombo en sortant de table, sais-tu que ta mère a observé que, depuis un mois, tu restes beaucoup plus long-temps que de coutume à ton atelier ? Il paraît que la peinture va nous faire tort....

— O mon père !...

— Ginevra nous prépare sans doute quelque surprise, dit sa mère.

— Tu m'apporterais un tableau ?... s'écria le Corse en frappant dans ses mains.

—Oui, je suis très occupée à l'atelier, répondit-elle.

—Qu'as-tu donc, Ginevra? — Tu pâlis ! lui dit sa mère.

— Non ! s'écria la jeune fille en laissant échapper un geste de résolution, non, il ne sera pas dit que Ginevra Piombo aura menti une fois dans sa vie !..,

En entendant cette singulière exclamation, Piombo et sa femme regardèrent leur fille d'un air étonné.

—J'aime un jeune homme.... ajouta-t-elle d'une voix émue.

Puis, sans oser regarder ses parens, elle abaissa ses larges paupières, comme pour voiler le feu de ses yeux.

— Est-ce un prince ? lui demanda ironiquement son père.

Le son de voix de Piombo fit trembler la mère et la fille.

— Non, mon père, répondit-elle avec modestie, c'est un jeune homme sans fortune...

— Il est donc bien beau ?...

— Il est malheureux.

— Que fait-il ?

— C'est le compagnon de Labédoyère. Il était proscrit, sans asile. M. Servin l'a caché, et....

— Servin est un honnête garçon, qui s'est bien comporté !... s'écria Piombo ; mais vous faites mal, vous, ma fille, d'aimer un autre homme que votre père...

— Il ne dépend pas de moi de ne pas aimer.. répondit doucement Ginevra.

— Je me flattais, reprit son père, que ma Ginevra me serait fidèle jusqu'à ma mort; que mes soins et ceux de sa mère seraient les seuls qu'elle aurait reçus; et que notre tendresse n'aurait pas rencontré dans son âme de tendresse rivale...

— Vous ai-je reproché votre fanatisme pour Napoléon? dit Ginevra. N'avez-vous aimé que moi? N'avez-vous pas été des mois entiers en ambassade, et n'ai-je pas supporté courageusement vos absences? Il y a des nécessités qu'il faut savoir subir...

— Ginevra!...

— Non, vous ne m'aimez pas pour moi, et vos reproches trahissent un insupportable égoïsme.

— Tu accuses l'amour de ton père! s'écria Piombo, les yeux flamboyans.

— Mon père, je ne vous accuserai jamais, répondit Ginevra avec plus de douceur que sa mère tremblante n'en attendait. Vous avez raison dans votre égoïsme, comme moi dans mon amour. Le ciel m'est témoin que jamais fille n'a mieux rempli ses devoirs auprès de ses parens. Je n'ai jamais vu que bonheur et amour là où d'autres voient souvent des obligations. Voici quinze ans que je ne me suis pas écartée de dessous votre aile protectrice; et ce fut un bien doux plaisir pour moi que de charmer vos jours. Mais serai-je donc ingrate en me livrant au charme d'aimer, en cherchant un époux?

— Ah! tu comptes avec ton père!... Ginevra... reprit le vieillard d'un ton sinistre.

Il se fit une pause effrayante pendant laquelle personne n'osa parler. Enfin, Bartholoméo rompit le silence en s'écriant d'une voix déchirante :

— Oh! reste avec nous, reste vierge auprès de ton vieux père!... Je ne saurais te voir aimer un homme. — Ginevra! — tu n'attendras pas long-temps ta liberté...

— Mais, mon père, songez donc que nous ne vous quitterons pas, que nous serons deux à vous aimer, que vous connaîtrez le protecteur aux soins duquel vous me laisserez! — Vous serez doublement chéri, par moi et par lui; par lui qui est encore moi, et par moi qui suis tout lui-même.

— O Ginevra, Ginevra! s'écria le Corse, en serrant les poings, pourquoi ne t'es-tu pas mariée quand Napoléon m'avait accoutumé à cette idée, et qu'il te présentait des ducs et des comtes?...

— Ils ne m'aimaient pas... dit la jeune fille. D'ailleurs je ne voulais pas vous quitter, et ils m'auraient emmenée avec eux.

— Tu ne veux pas nous laisser seuls, dit Piombo; mais te marier, c'est nous isoler, car je te connais, ma fille, tu ne nous aimeras plus...

— Maria, ajouta-t-il en regardant sa femme qui restait immobile et comme stupide; Maria, nous n'avons plus de fille! — Elle veut se marier.

Le vieillard s'assit après avoir levé les mains en l'air, comme pour invoquer Dieu; puis il resta courbé, comme accablé sous sa peine.

Ginevra vit l'agitation de son père, et la modération de sa colère lui brisa le cœur. Elle s'attendait à une crise, à des fureurs; mais elle n'avait pas armé son âme contre la paix et la douceur.

— Mon père, dit-elle d'une voix touchante, non, vous ne serez jamais abandonné par votre Ginevra!...Mais aimez-la aussi un peu pour elle! — Si vous saviez comme *il* m'aime! Ah! ce ne serait pas lui qui me ferait de la peine!!

— Déjà des comparaisons!... s'écria Piombo avec un accent terrible. Non, je ne puis supporter cette idée!... reprit-il. S'il t'aimait comme tu mérites de l'être, il me tuerait; s'il ne t'aimait pas, je le poignarderais.

Et les mains de Piombo tremblaient; et ses lèvres tremblaient, et son corps tremblait, et ses yeux lançaient des éclairs. Ginevra seule pouvait soutenir son regard, car alors ses yeux s'animaient, et la fille était digne du père.

— Oh! t'aimer! quel est l'homme digne de cette vie? reprit-il. T'aimer comme un père c'est déjà le paradis, qui donc sera jamais digne d'être ton époux?

— Lui! dit Ginevra, lui dont je me sens indigne!...

— Lui!..... répéta machinalement Piombo, qui, *lui?*...

— Celui que j'aime...

— Est-ce qu'il peut te connaître encore assez pour t'adorer?...

— Mais, mon père, reprit Ginevra éprouvant un mouvement d'impatience, quand il ne m'aimerait pas, du moment que je l'aime...

— Tu l'aimes donc?... s'écria Piombo.

Ginevra inclina doucement la tête.

— Alors, tu l'aimes plus que nous.

— Ces deux sentimens ne peuvent pas se comparer, répondit-elle.

— L'un est plus fort que l'autre?... reprit Piombo.

— Je crois que oui... dit Ginevra.

— Tu ne l'épouseras pas!... Ce cri furieux fit résonner les vitres du salon.

— Je l'épouserai, répliqua tranquillement Ginevra.

— Mon Dieu! mon Dieu!... s'écria la mère, comment finira cette querelle? *Santa Virgina!* mettez-vous entre eux.

Le baron, qui se promenait à grands pas, vint s'asseoir. Une sévérité glacée rembrunissait son visage. Il regarda fixement sa fille, et lui dit d'une voix douce et affaiblie :

— Eh bien! Ginevra! non, tu ne l'épouseras pas. Oh! ne me dis pas oui! ce soir... Laisse-moi croire le contraire. Veux-tu voir ton père à genoux et ses cheveux blancs prosternés devant toi?... Je vais te supplier...

— Ginevra Piombo, répondit-elle, n'a pas

été habituée à promettre et à ne pas tenir. Je suis votre fille.

— Elle a raison, dit la baronne, nous sommes mises au monde pour nous marier...

— Ainsi vous l'encouragez dans sa désobéissance...

— Ce n'est pas désobéir, répondit Ginevra, que de se refuser à un ordre injuste.

— Il ne peut pas être injuste quand il émane de la bouche de votre père, ma fille !... Et pourquoi me jugez-vous?... La répugnance que j'éprouve n'est-elle pas un conseil d'en haut? Je vous préserve peut-être d'un malheur...

— Le malheur serait qu'il ne m'aimât pas !...

— Toujours lui !...

— Oui, toujours, reprit-elle ; il est ma vie, mon bien, ma pensée ; et, même en vous obéissant, il serait toujours dans mon cœur.

— Tu ne nous aimes plus !... s'écria Piombo.

— Oh !... dit Ginevra en agitant la tête.

— Eh bien! oublie-le, reste-nous fidèle... Après nous... tu comprends.

— Mon père, voulez-vous me faire désirer votre mort? s'écria Ginevra.

— Je vivrai plus long-temps que toi; car les

enfans qui n'honorent pas leurs parens meurent promptement!... s'écria son père, parvenu au dernier degré de l'exaspération.

— Raison de plus pour me marier promptement et être heureuse! dit-elle.

Ce sang-froid, cette puissance de raisonnement achevèrent de troubler Piombo. Le sang lui porta violemment à la tête, et il devint pourpre. C'était effrayant à voir.

Ginevra frissonna. Elle s'élança comme un oiseau sur les genoux de son père; et, lui passant ses bras d'amour autour du cou, elle lui caressa le visage, les cheveux, et s'écria tout attendrie :

— Oh! oui, que je meure la première!... car je ne te survivrais pas, mon père, mon bon père!

— O ma Ginevra!... ma folle, ma Ginevrina, ma Ginevretta!... répondit Piombo, dont toute la colère se fondit, à cette caresse, comme une glace sous les rayons du soleil.

— Il était temps que vous finissiez!... dit la baronne d'une voix émue.

— Pauvre maman!

— Ah! Ginevretta! Ginevra bella!...

Et le père jouait avec sa fille comme avec un enfant de six ans. Il s'amusait à défaire les tresses ondoyantes de ses cheveux, à la faire sauter. Il y avait de la folie dans l'expression de sa tendresse. Bientôt sa fille le gronda en l'embrassant, et tenta d'obtenir par la grâce de ses jeux et en plaisantant l'entrée de *Louis* au logis ; mais, tout en plaisantant aussi, son père refusait. Elle bouda, revint, bouda encore ; mais, à la fin de la soirée, elle se trouva toute contente d'avoir gravé dans le cœur de son père et son amour pour Louis et l'idée d'un mariage prochain.

Le lendemain, elle ne parla plus de son amour, elle alla plus tard à l'atelier, et en revint de bonne heure. Elle devint plus caressante pour son père qu'elle ne l'avait jamais été, et se montra pleine de reconnaissance, comme pour le remercier du consentement qu'il semblait donner à son mariage par son silence.

Le soir, elle faisait long-temps de la musique, et souvent elle s'écriait :

— Il faudrait une voix d'homme pour ce nocturne !

Elle était Italienne, c'est tout dire. Au bout de huit jours, sa mère lui fit un signe, elle vint, puis à l'oreille et à voix basse :

— J'ai amené ton père à le recevoir, lui dit-elle.

Ginevra sauta de joie comme un enfant.

— O ma mère ! oh ! que je suis heureuse !...

Ce jour-là, Ginevra eut donc le bonheur de revenir à l'hôtel de son père en donnant le bras à Louis. C'était la seconde fois que le pauvre officier sortait de sa cachette.

Les actives sollicitations que Ginevra faisait faire auprès du duc de Feltre, alors ministre de la guerre, avaient été couronnées d'un plein succès. Louis venait d'être réintégré sur le contrôle des officiers en disponibilité. C'était un bien grand pas vers un meilleur avenir.

Le jeune chef de bataillon ayant été instruit par son amie de toutes les difficultés qui l'attendaient auprès du baron, n'osait avouer la crainte qu'il avait de ne pas lui plaire. Cet homme si courageux contre l'adversité, si brave sur un champ de bataille, tremblait en pensant à son entrée dans le salon de Piombo. Ginevra le

7.

sentit tressaillir, et cette émotion, dont elle devinait le principe, fut pour elle une délicieuse preuve d'amour.

— Comme vous êtes pâle !... lui dit-elle, quand ils arrivèrent à la porte de l'hôtel.

— O Ginevra ! s'il ne s'agissait que de ma vie !...

Bartholoméo avait sans doute été prévenu par sa femme de la présentation officielle de celui que Ginevra aimait ; car, en entendant les pas de sa fille, il n'alla pas à sa rencontre et resta dans le fauteuil où il avait l'habitude d'être assis. Il était sombre, et la sévérité de son front avait quelque chose de glacial.

— Mon père, dit Ginevra, je vous amène une personne que vous aurez sans doute plaisir à voir. Voici M. Louis, un soldat qui combattait à quatre pas de l'empereur au Mont-Saint-Jean...

Le baron de Piombo se leva, jeta un regard furtif sur Louis, et lui dit d'une voix sardonique :

— Monsieur n'est pas décoré ?

— Je ne porte pas la légion-d'honneur... répondit timidement Louis qui restait humblement debout.

Ginevra blessée de l'impolitesse de son père, avança une chaise.

La réponse de l'officier satisfit le vieux serviteur de Napoléon.

Madame Piombo s'apercevant que les sourcils de son mari reprenaient leur position naturelle, se hasarda à dire :

— La ressemblance de monsieur avec Nina Porta est étonnante. Ne trouvez-vous pas que Monsieur a toute la physionomie des Porta ?

— Cela est tout naturel, répondit le jeune homme sur qui les yeux flamboyans de Piombo s'arrêtèrent, Nina était ma sœur...

— Tu es Luigi Porta ?... demanda le vieillard d'une voix faible, mais en lui lançant un regard furieux.

— Oui !

Bartholoméo Piombo se leva. Il chancela, et fut obligé de s'appuyer sur une chaise. Il regarda sa femme... Maria Piombo vint à lui ; et, tous deux silencieux et se donnant le bras, sortirent du salon en abandonnant leur fille avec une sorte d'horreur.

Luigi Porta, stupéfait, regarda Ginevra. Elle était devenue aussi blanche qu'une statue de marbre, et se tenait debout, les yeux fixés sur la porte par laquelle son père et sa mère venaient de disparaître. Il y avait dans leur silence et leur retraite quelque chose de si solennel qu'elle en était effrayée, et c'était la première fois peut-être que le sentiment de la crainte entrait dans son cœur. Elle joignit ses mains, et, les pressant l'une contre l'autre avec force, elle dit d'une voix si émue qu'elle ne pouvait guère être entendue que d'un amant :

— Oh ! qu'il y a de malheur dans un mot !...

— Si je suis étonné, Ginevra, c'est parce que vous êtes saisie d'effroi. Mais, au nom de notre amour, qu'ai-je donc dit ? demanda Luigi Porta.

— Mon père, répondit-elle, ne m'a jamais parlé de notre déplorable histoire, et j'étais trop jeune quand j'ai quitté la Corse pour la savoir.

— Nous serions ennemis ?... demanda Luigi en tremblant.

— Oui. En questionnant ma mère, j'ai appris que les Porta ayant tué mes frères et brûlé notre maison, mon père avait massacré toute cette famille. — Comment avez-vous survécu, vous qu'il croyait avoir attaché aux colonnes d'un lit avant de mettre le feu à la maison?

— Je ne sais, répondit Luigi. A six ans, j'ai été amené à Gênes, chez un vieillard nommé Colonna. Aucun détail sur ma famille ne m'a été donné. Je savais seulement que j'étais orphelin, sans fortune, et que Colonna était mon tuteur.

J'ai porté son nom, jusqu'au jour où je suis entré au service. Alors il m'a fallu des actes pour prouver qui j'étais, et alors seulement le vieux Colonna m'a dit que moi, faible et presque enfant encore, j'avais des ennemis. Il m'a engagé à ne prendre que le nom de Luigi pour leur échapper. C'est ce que j'ai fait.

— Partez, partez, Luigi!... s'écria Ginevra. Je vais vous accompagner. Tant que vous êtes dans la maison de mon père, vous n'avez rien à craindre; mais prenez bien garde à vous; car aussitôt que vous en sortirez, vous marcherez de danger en danger. Mon père a deux Corses à son service, et si ce n'est pas lui qui menacera vos jours, ce seront eux.

— Ginevra, dit-il, cette haine héréditaire existera-t-elle donc entre nous ?...

La jeune fille sourit tristement et baissa la tête.

Elle la releva bientôt avec une sorte de fierté, et dit :

— O Luigi! il faut que nos sentimens soient bien purs et bien sincères, pour que j'aie la force de marcher dans la voie où je vais entrer!... Mais il s'agit d'un bonheur qui doit durer toute la vie, n'est-ce pas?...

Luigi ne répondit que par un sourire, et pressa la main de Ginevra. La jeune fille comprit qu'il n'y avait qu'un véritable amour qui pût dédaigner en ce moment les protestations vulgaires. L'expression calme et consciencieuse des sentimens de Luigi en annonçait en quelque sorte la force et la durée. Alors la destinée de ces deux époux fut accomplie.

Ginevra entrevit de bien cruels combats à soutenir ; mais l'idée d'abandonner son amant, idée qui peut-être avait flotté dans son âme, s'évanouit complètement. Elle était à lui pour toujours.

Elle l'entraîna tout-à-coup avec une sorte

d'énergie hors de l'hôtel, et ne le quitta qu'au moment où il atteignit la maison dans laquelle M. Servin lui avait loué un modeste logement.

Quand Ginevra revint chez son père, elle avait pris cette espèce de sérénité que donne une résolution forte. Aucune altération dans ses manières ne peignit une inquiétude. Elle leva sur son père et sa mère, qu'elle trouva prêts à se mettre à table, des yeux dénués de hardiesse et pleins de douceur. Elle vit que sa vieille mère avait pleuré, et la rougeur de ses paupières flétries ébranla un moment son cœur, mais elle cacha son émotion... Piombo, silencieux et sombre, semblait être en proie à une douleur trop violente, trop concentrée, pour qu'il pût la trahir par des expressions ordinaires. Les gens servirent le dîner; mais personne n'y toucha. L'horreur de la nourriture est un des symptômes qui trahissent les grandes crises de l'âme. Tous trois se levèrent sans qu'aucun d'eux se fût adressé la parole. Tout s'était accompli par gestes.

Quand Ginevra fut placée entre son père et sa mère dans leur grand salon sombre et solennel, Piombo voulut parler, mais il ne trouva pas de voix; il essaya de marcher, et ne trouva pas de force: alors il revint s'asseoir, et sonna.

— Jean, dit-il enfin au domestique, allumez du feu, j'ai froid...

Ginevra tressaillit et regarda son père avec anxiété. Le combat qu'il se livrait devait être horrible, car sa figure était bouleversée. Ginevra connaissait l'étendue du péril qui la menaçait, mais elle ne tremblait pas; tandis que les regards furtifs que Bartholoméo jetait sur sa fille semblaient annoncer qu'il craignait en ce moment le caractère dont il avait si complaisamment développé la violence. Entre eux, tout devait être extrême. Aussi, la certitude du changement qui pouvait s'opérer dans les sentimens du père et de la fille, animait-elle le visage de la baronne d'une expression de terreur.

— Ginevra, dit enfin Piombo sans oser la regarder, vous aimez l'ennemi de votre famille.

— Cela est vrai! répondit-elle.

— Il faut choisir entre lui et nous. Notre *vendetta* fait partie de nous-mêmes: qui n'épouse pas ma vengeance n'est pas de ma famille.

— Mon choix est fait ! répondit-elle encore d'une voix calme.

La tranquillité de la jeune fille trompa Bartholoméo.

— O ma chère fille !... s'écria-t-il.

Puis des larmes, les premières et les seules qu'il répandit dans sa vie, humectèrent ses paupières.

— Je serai sa femme !... dit brusquement Ginevra.

Bartholoméo eut comme un éblouissement; mais il reprit son sang-froid, et répliqua :

— Cela ne sera pas de mon vivant, car je n'y consentirai jamais...

Ginevra garda le silence.

— Mais, dit le baron en continuant, songes-tu que Luigi est le fils de celui qui a tué tes frères ?...

— Il avait six ans au moment où le crime a été commis ; il doit en être bien innocent, répondit-elle.

— Un Porta !... s'écria Bartholoméo.

— Mais, ai-je jamais pu partager cette

haine?... dit vivement la jeune fille. M'avez-vous élevée dans cette croyance qu'un Porta était un monstre ? Pouvais-je penser qu'il restât un seul de ceux que vous aviez tués ? N'est-il pas plus naturel que vous fassiez céder votre *vendetta* que moi mon amour?...

— Un Porta !... dit Piombo. Mais si son père t'avait trouvée dans ton lit, tu ne vivrais pas, il t'aurait donné cent fois la mort...

— Cela se peut, répondit-elle; mais son fils m'a donné plus que la vie... Sa seule vue m'apporte un bonheur sans lequel il n'y a pas de vie. Il m'a appris à sentir ! J'ai peut-être vu des figures plus belles encore que la sienne, mais aucune ne m'a charmée comme lui ; j'ai peut-être entendu des voix..... non, non, jamais de plus mélodieuses... Il m'aime!... Il sera mon mari.

—Jamais !... dit Piombo en se levant et en criant avec une violence inouïe. J'aimerais mieux te savoir morte, Ginevra !

Alors il se leva, se mit à parcourir à grands pas le salon, et laissa échapper ces paroles après des pauses qui peignaient toute son agitation :

— Vous croyez peut-être l'emporter sur ma volonté ? — Détrompez-vous.

Je ne veux pas qu'un Porta soit mon gendre... Telle est ma sentence.

Qu'il ne soit plus question de ceci entre nous.

Je suis Bartholoméo di Piombo, entendez-vous, Ginevra ?

— Attachez-vous quelque sens mystérieux à ces paroles ? demanda-t-elle froidement.

— Oui, elles signifient que j'ai un poignard, et que je ne crains pas les hommes !...

La jeune fille se leva.

— Eh bien ! dit-elle, je suis Ginevra di Piombo, et je déclare que dans six mois je serai la femme de Luigi Porta !

— Vous êtes un tyran, mon père !... ajouta-t-elle après une pause effrayante.

Bartholoméo serra ses poings, et, frappant sur le marbre de la cheminée :

— Ah ! nous sommes à Paris... dit-il en murmurant.

Puis il se tut, se croisa les bras, pencha la tête sur sa poitrine, et ne prononça plus une seule parole pendant toute la soirée.

La jeune fille affecta un sang-froid incroyable après avoir prononcé son arrêt. Elle se mit au piano, chanta, joua des morceaux ravissans avec une grâce et un sentiment qui annonçaient une parfaite liberté d'esprit, triomphant ainsi de son père dont le front ne paraissait pas s'adoucir.

Le vieillard ressentit cruellement cette injure tacite ; mais il recueillait en ce moment un des fruits amers de l'éducation qu'il avait donnée à sa fille. Le respect est une barrière qui protège autant un père et une mère qu'un enfant : elle évite à ceux-ci des chagrins ; à celui-là, des remords.

Le lendemain, Ginevra, voulant sortir à l'heure ordinaire à laquelle elle avait coutume de se rendre à l'atelier, trouva la porte de l'hôtel fermée pour elle. Bartholoméo avait donné l'ordre de ne pas laisser passer sa fille. Ginevra inventa bientôt un moyen d'instruire Luigi Porta des sévérités dont elle était victime.

Une femme de chambre qui ne savait pas lire fit parvenir au jeune officier la lettre que lui écrivit Ginevra. Pendant cinq jours les deux amans surent correspondre, grâces à ces ruses qu'on sait toujours machiner à vingt ans. Le père et la fille se parlèrent rarement. Tous deux gardaient au fond du cœur un principe de haine. Ils souffraient, mais orgueilleusement et en silence. Reconnaissant combien étaient forts les liens d'amour qui les attachaient l'un à l'autre, ils semblaient essayer de les briser sans pouvoir y parvenir. Nulle pensée douce ne venait plus comme autrefois faire briller les traits sévères de Bartholoméo quand il contemplait sa Ginevra. Il était morne. La jeune fille avait quelque chose de farouche en regardant son père. Le reproche siégeait sur ce front d'innocence. Elle se livrait bien à d'heureuses pensées; mais des remords semblaient ternir ses yeux. Il n'était même pas difficile de deviner qu'elle ne pourrait jamais jouir tranquillement d'une félicité qui ferait le malheur de ses parens. Chez Bartholoméo comme chez sa fille, toutes les irrésolutions causées par la bonté native de leurs âmes devaient néanmoins échouer devant leur fierté et devant cette rancune particulière aux Corses.

En effet ils s'encourageaient l'un et l'autre dans leur colère, et fermaient les yeux sur l'avenir. Peut-être aussi se flattaient-ils que l'un céderait à l'autre.

Le jour de la naissance de Ginevra, sa mère, désespérée de cette désunion qui prenait un caractère grave, médita de réconcilier le père et la fille, grâces aux souvenirs de cet anniversaire.

Ils étaient réunis tous trois dans la chambre de Bartholoméo ; mais Ginevra, devinant l'intention de sa mère à l'hésitation peinte sur son visage, souriait tristement.

En ce moment, un domestique annonça deux notaires. Ils entrèrent.

Bartholoméo regarda fixement ces deux hommes de loi dont les figures froidement compassées avaient quelque chose de blessant pour des âmes aussi passionnées que l'étaient celles des trois principaux acteurs de cette scène. Le vieillard se tourna vers sa fille d'un air inquiet, et vit sur son visage une expression de contentement et un sourire de triomphe qui lui firent soupçonner quelque catastrophe. Alors il affecta de garder, à la manière des sauvages, une immobilité mensongère. Son visage fut impassible et il regarda les deux notaires avec une sorte de curiosité calme.

Les étrangers s'assirent après y avoir été invités par un geste du vieillard.

— Monsieur est sans doute M. le baron de Piombo?... demanda le plus âgé.

Bartholoméo s'inclina.

Le notaire fit un léger mouvement de tête et regarda Ginevra avec la sournoise expression d'un employé au trésor.

Puis, il tira sa tabatière, l'ouvrit, y prit une pincée de tabac, et se mit à la humer à petits coups, d'abord en cherchant les premières phrases de son discours, puis en les prononçant (manœuvre oratoire que ce signe — représentera très imparfaitement).

— Monsieur, dit-il, — nous sommes envoyés vers vous, — mon collègue et moi, — pour accomplir le vœu de la loi, et — mettre un terme aux divisions qui — paraîtraient — s'être introduites — entre vous et mademoiselle votre fille, — au sujet — de — son — mariage avec M. Luigi Porta, — mon client.

Cette phrase, assez pédantesquement débitée, parut probablement trop belle au notaire pour

qu'on pût la comprendre d'un seul coup ; il s'arrêta, en regardant Bartholoméo avec une expression particulière aux gens d'affaire, et qui tient le milieu entre la servilité et la familiarité. Habitués à feindre de prendre beaucoup d'intérêt aux personnes avec lesquelles ils parlent, les notaires finissent par faire contracter à leur figure l'habitude d'une grimace qu'ils revêtent et quittent comme leur petit *pallium* officiel. Ce masque de bienveillance, dont il est si facile de saisir le mécanisme et la fausseté, irrita tellement Bartholoméo qu'il lui fallut rappeler toute sa raison pour ne pas jeter le notaire par les fenêtres. Une expression de colère se glissa dans toutes ses rides; et, en la voyant, l'homme de la loi se dit en lui-même :
— Je produis de l'effet !

— Mais, reprit-il d'une voix mielleuse, monsieur le baron, dans ces sortes d'occasions, notre ministère commence toujours par être essentiellement conciliateur... Daignez donc avoir la bonté de m'entendre! — Il est évident que mademoiselle Ginevra Piombo atteint aujourd'hui l'âge auquel il suffit de faire des sommations respectueuses pour qu'il soit passé outre à la célébration d'un mariage, malgré le défaut de consentement des parens... Or, il est d'usage dans les familles qui jouissent d'une certaine considération, — qui appartiennent à la société, — qui conservent quelque dignité, — auxquelles il importe enfin de ne pas donner le secret de leurs divisions, — et qui d'ailleurs ne veulent pas se nuire à elles-mêmes en frappant de réprobation l'avenir de deux jeunes époux (car — c'est se nuire à soi-même !) — il est d'usage, dis-je, — parmi ces familles honorables — de ne pas laisser subsister des actes semblables — qui — restent; qui — sont des monumens d'une division qui — finit — par cesser.

— Du moment, monsieur, où une jeune personne a recours aux sommations respectueuses, elle annonce une intention trop décidée, pour qu'un père et — une mère, ajouta-t-il en se tournant vers la baronne, puissent espérer de la voir suivre leurs avis...
— Alors la résistance paternelle étant nulle — par ce fait — d'abord; puis, étant infirmée par la loi, il est constant que tout homme sage, après avoir fait une dernière remontrance à

son enfant — lui donne la liberté de........

— Le notaire s'arrêta, car il s'aperçut qu'il aurait pu parler deux heures sans obtenir de réponse. Puis, il éprouvait une émotion particulière à l'aspect de l'homme qu'il essayait de convertir. En effet, il s'était fait une révolution extraordinaire sur le visage de Bartholoméo. Toutes ses rides contractées lui donnaient un air de férocité indéfinissable, et il jetait sur le notaire un regard de tigre.

La baronne était muette et passive. Ginevra, calme et résolue, attendait; car elle savait que la voix du notaire était plus puissante que la sienne, et alors elle semblait s'être décidée à garder le silence.

Au moment où l'homme de la loi se tut, cette scène devint effrayante, et même les deux étrangers tremblèrent; car jamais peut-être ils n'avaient été accueillis par un semblable silence. Ils se regardèrent comme pour se consulter, se levèrent et allèrent ensemble à la croisée.

— As-tu jamais rencontré des cliens fabriqués comme ceux-là ?..... demanda le plus âgé à son confrère.

— Il n'y a rien à en tirer ! répondit le plus jeune. A ta place, moi, je m'en tiendrais à la lecture de ma sommation. Le vieux ne me paraît pas amusant. Il est colère, et tu ne gagnerais rien à vouloir *discuter* avec lui...

Alors le vieux notaire chargé des intérêts de Luigi tira un papier timbré contenant un procès-verbal rédigé à l'avance; et, après l'avoir lu, il demanda froidement à Bartholoméo quelle était sa réponse.

— Il y a donc en France des lois qui détruisent le pouvoir paternel ?...... demanda le Corse.

— Monsieur... reprit le notaire de sa voix mielleuse.

— Qui arrachent une fille à son père ?...

— Monsieur...

— Qui privent un vieillard de sa dernière consolation ?...

— Monsieur, votre fille ne vous appartient que...

— Qui le tuent ?...

— Monsieur, permettez !...

Il n'y a peut-être rien de plus affreux que le sang-froid et les raisonnemens exacts d'un notaire au milieu des scènes passionnées où ils ont coutume d'intervenir. Les deux figures que Piombo avait devant lui lui semblèrent échappées de l'enfer. Sa rage froide et concentrée ne connut plus de bornes au moment où la voix calme et presque flûtée de son petit antagoniste prononça ce fatal — « *permettez*. »

Alors il sauta sur un long poignard suspendu à un clou au-dessus de sa cheminée, et s'élança sur sa fille. Les deux notaires se jetèrent entre lui et Ginevra ; mais il renversa brutalement les deux conciliateurs en leur montrant une figure en feu et des yeux flamboyans qui paraissaient plus terribles que la clarté du poignard.

Quand Ginevra se vit en présence de son père, elle le regarda fixement d'un air de triomphe, s'avança lentement vers lui, et s'agenouilla.

— Non ! non ! s'écria Piombo, je ne saurais !...

Et il lança si violemment son arme, qu'elle alla s'enfoncer dans la boiserie.

— Eh bien, grâce ! grâce ! dit-elle. Vous hésitez à me donner la mort, et vous me refusez la vie!... O mon père, jamais je ne vous ai tant aimé, accordez-moi Luigi... — Je vous demande votre consentement à genoux !.. O mon père, votre fille s'humilie devant vous !... Mon Luigi, ou la mort !

L'irritation violente qui la suffoquait l'empêcha de parler ; elle ne trouvait plus de voix ; mais ses efforts convulsifs disaient assez qu'elle était entre la vie et la mort.

Bartholoméo la repoussa durement.

— Fuis!... dit-il. La Luigi Porta ne saurait être Ginevra Piombo. Je n'ai plus de fille ! — Je n'ai pas la force de te maudire; mais je t'abandonne, et tu n'as plus de père !

Ma Ginevra Piombo est enterrée là ! s'écriat-il d'un son de voix profond ; et il se pressa fortement le cœur.

—Sors donc, malheureuse !.. ajouta-t-il après un moment de silence. Sors, et ne reparais plus devant moi !...

Puis, prenant Ginevra par le bras et la serrant avec une force surnaturelle, il l'entraîna, et la conduisit silencieusement hors de la maison.

— Luigi, s'écria Ginevra en entrant dans le modeste appartement où était l'officier, mon Luigi! — nous n'avons d'autre fortune que notre amour!...

— Nous sommes plus riches que tous les rois de la terre!.. répondit-il.

— Mon père et ma mère m'ont abandonnée, dit-elle avec une profonde mélancolie.

— Je t'aimerai pour eux.

— Nous serons donc bien heureux!.. s'écria-t-elle avec une gaieté qui avait quelque chose d'effrayant.

— Oh! oui!...

LE MARIAGE.

Le jour où Ginevra quitta la maison de son père, elle alla prier madame Servin de lui accorder un asile et sa protection jusqu'à l'époque fixée par la loi pour son mariage avec Luigi Porta; mais elle fit là un premier apprentissage des chagrins que le monde sème autour de ceux qui ne suivent pas ses usages. Madame Servin était très affligée du tort que l'aventure de Ginevra faisait à son mari ; aussi reçut-elle froidement la fugitive. Elle lui apprit par des paroles poliment circonspectes, qu'elle ne devait pas compter sur son appui. Trop fière pour insister, Ginevra, étonnée d'un égoïsme auquel elle n'était pas habituée, alla se loger dans l'hôtel garni le plus voisin de la maison où demeurait Luigi, et attendit impatiemment le jour de son mariage.

Luigi Porta venait passer ses journées aux pieds de sa fiancée. Son jeune amour, la pureté de ses paroles dissipaient les nuages que la réprobation paternelle amassait sur le front de Ginevra. Il peignait l'avenir si beau, qu'elle finissait par sourire; et, chaque jour, des scènes ravissantes lui faisaient insensiblement oublier la rigueur de ses parens.

Un matin, la servante de l'hôtel lui remit plusieurs paquets volumineux, apportés par un inconnu. C'étaient des étoffes, du linge, et une foule de choses nécessaires à une jeune femme qui se met en ménage. Elle reconnut dans cet envoi la prévoyante bonté d'une mère. En visitant ces présens, elle trouva une bourse contenant la somme qui lui appartenait, et à laquelle la baronne avait joint le fruit de ses économies. L'argent était accompagné d'une lettre par laquelle Maria Piombo conjurait sa fille d'abandonner son funeste projet de mariage, s'il en était encore temps. Elle lui avouait qu'il lui avait fallu des précautions inouïes pour lui faire parvenir ces faibles secours. Elle lui disait de ne pas l'accuser de dureté, si, par la suite, elle la laissait dans l'abandon ; car elle craignait de ne pouvoir plus l'assister, tant Bartholoméo avait pris des mesures sévères pour l'en empêcher. Elle la bénissait, lui souhaitait de trouver le bonheur, dans ce fatal mariage, si elle y persistait, lui assurant qu'elle ne pensait qu'à sa fille chérie.

En cet endroit, des larmes avaient effacé plusieurs mots de la lettre.

— O ma mère, ma mère!... s'écria Ginevra tout attendrie.

Elle éprouvait le besoin de se jeter à ses genoux, de la voir et de respirer l'air bienfaisant de la maison paternelle. Elle s'élançait déjà, quand Luigi entra. Elle le regarda, et toute sa tendresse s'évanouit, ses larmes se séchèrent : elle ne se sentit pas la force d'abandonner Luigi. Il était si malheureux et si aimant! Savoir qu'on est l'espoir d'une noble créature, l'aimer, et l'abandonner... ce sacrifice était une trahison. Ginevra eut la générosité d'ensevelir sa douleur au fond de son âme. Puis l'amour donne aux cœurs dont il s'empare une indifférence pour tout ce qui est hors de leur sphère, qui va jusqu'à la férocité.

Enfin le jour du mariage arriva.

Ginevra ne vit personne autour d'elle, car Luigi avait profité du moment où elle s'habillait pour aller chercher les témoins nécessaires à la signature de leur acte de mariage.

Ces témoins étaient de braves gens. L'un, ancien maréchal-des-logis de hussards, avait contracté, à l'armée, envers Luigi, de ces obligations qui ne s'effacent jamais du cœur d'un honnête homme. Il s'était mis loueur de voitures et possédait quelques fiacres; l'autre, entrepreneur de maçonnerie, était le propriétaire de la maison où les nouveaux époux devaient demeurer.

Ils vinrent avec Luigi prendre la mariée. Ces gens, peu accoutumés aux grimaces sociales, et ne voyant rien que de très simple dans le service qu'ils rendaient à Luigi, s'étaient habillés proprement, mais sans luxe, de manière que rien n'annonçait qu'ils fissent partie du joyeux cortége d'une noce. Ginevra, elle-même, s'était mise très simplement, afin de se conformer à sa fortune; cependant sa beauté avait quelque chose de si noble et de si imposant, qu'à son aspect la parole expira sur les lèvres des deux témoins, qui se croyaient obligés de lui adresser un compliment; ils la saluèrent avec respect, elle s'inclina. Alors ils la regardèrent en silence et ne surent plus que l'admirer; mais cette réserve jeta du froid entre eux; car la joie ne peut éclater que parmi des gens qui se sentent égaux. Le hasard voulut donc que tout fût sombre et grave autour des deux fiancés, et que rien ne reflétât leur félicité.

Comme l'église et la mairie n'étaient pas très éloignées de l'hôtel, Luigi donna le bras à sa fiancée; et, suivis des deux témoins que leur imposait la loi, ils y allèrent tous à pied, sans pompe, et avec une simplicité qui dépouillait cette grande scène de la vie sociale de toute solennité. Ils trouvèrent dans la cour de la mairie une foule d'équipages qui annonçaient une nombreuse compagnie. Ils montèrent, et arrivèrent à une grande salle où les mariés dont le bonheur était indiqué pour ce jour-là attendaient assez impatiemment le maire du quartier.

Ginevra alla s'asseoir avec Luigi au bout d'un grand banc. Leurs témoins restèrent debout, faute de siéges.

Il y avait là deux mariées pompeusement habillées de blanc, chargées de rubans, de dentelles, de perles, et couronnées de bouquets de fleurs d'oranger dont les frais boutons tremblaient sous le voile diaphane dont elles étaient parées. Leurs mères les accompagnaient et les regardaient d'un air tout à la fois satisfait et craintif. Elles étaient entourées de leurs familles joyeuses. Toutes les jeunes filles jalouses félicitaient les mariées, de la voix, du geste ou du regard ; et ces dernières ne pouvaient rien voir qui ne fût embelli par elles, car tous les yeux réfléchissaient leur bonheur. Chaque figure semblait leur prodiguer des bénédictions. Elles faisaient l'orgueil, le plaisir de leurs parens. Les pères, les témoins, les frères, les sœurs allaient et venaient. On eût dit un essaim de papillons se jouant dans un rayon de soleil prêt à disparaître. C'était un beau spectacle !.... Il n'y avait personne qui ne sentît la valeur de ce moment fugitif de la vie humaine, où le cœur se trouve entre deux espérances : les souhaits du passé, et les promesses de l'avenir.

A cet aspect, Ginevra sentit son cœur se gonfler ; mais aussi elle pressa le bras de Luigi, et Luigi lui lança un regard qui valait toutes les fêtes de la terre. Une larme roula dans les yeux du jeune Corse, car il ne comprit jamais mieux qu'alors tout ce que sa Ginevra lui sacrifiait. Cette larme précieuse fit oublier à la jeune fille l'abandon dans lequel elle se trouvait. L'amour versa des trésors de lumière sur cette scène ; et alors, les deux amans, dont les cœurs battaient avec force et à l'unisson, ne virent plus qu'eux au milieu de ce tumulte. Ils étaient là, seuls, dans cette foule, tels qu'ils devaient être dans la vie. Leurs témoins, indifférens à une cérémonie dont ils ignoraient l'intérêt, causaient tranquillement de leurs affaires.

— L'avoine est bien chère !.... disait le maréchal-des-logis au maçon.

— Elle n'est pas encore si renchérie que le plâtre, proportion gardée!... répondit l'entrepreneur.

Et ils firent un tour dans la salle.

— Comme on perd du temps ici!... s'écria le maçon en remettant dans sa poche une grosse montre d'argent.

Luigi et Ginevra, serrés l'un contre l'autre, semblaient ne faire qu'une même personne. C'était un bien puissant contraste que ces deux têtes ravissantes, unies par un même sentiment, également colorées, mélancoliques et silencieuses, exprimant les mêmes pensées, au même moment, en présence de deux noces bourdonnantes, devant quatre familles tumultueuses, étincelantes de parure, de diamans, de fleurs, et dont la gaieté avait quelque chose d'insolent. Tout ce que ces groupes bruyans et splendides mettaient de joie en dehors, Luigi et Ginevra l'ensevelissaient au fond de leurs cœurs. C'était, d'un côté, le fracas terrestre des corps; de l'autre, le silence des joies paisibles de l'âme : la terre et le ciel.

Mais la tremblante Ginevra ne pouvait tout-à-fait dépouiller les faiblesses de la femme ; et, superstitieuse comme une Italienne, elle voulut voir un présage dans ce contraste. Elle garda au fond de son cœur un sentiment d'effroi, invincible autant que son amour. N'était-ce pas aussi un effet de cette loi humaine en vertu de laquelle tous nos plaisirs sont empreints d'une teinte noire?

Tout-à-coup, un employé ouvrit une porte à deux battans, l'on fit silence, et sa voix retentit comme un glapissement.

Il appelait M. Luigi Porta et mademoiselle Ginevra di Piombo.

Ce fut un moment de honte pour les deux époux. La célébrité du nom de Piombo attirant l'attention, les spectateurs cherchèrent cette noce qui semblait devoir être somptueuse. Ginevra se leva, et ses regards foudroyans d'orgueil imposèrent à toute la foule. Donnant le bras à Luigi, elle marcha d'un pas ferme. Les deux témoins la suivaient.

Un murmure d'étonnement qui alla en croissant, un chuchotement général vint rappeler à Ginevra que le monde lui demandait compte de l'absence de ses parens. La malédiction paternelle la suivait partout.

— Attendez les familles, dit le maire à l'employé qui lisait promptement l'acte.

— Le père et la mère protestent! répondit flegmatiquement le secrétaire.

— Des deux côtés?.. reprit le maire.

— L'époux est orphelin.

— Où sont les témoins, les amis ?...

— Les voici ! répondit encore le secrétaire, en montrant les deux hommes immobiles et muets, qui, les bras croisés, ressemblaient à deux statues.

— Mais s'il y a protestation...? dit le maire.

— Les sommations respectueuses ont été légalement faites... répliqua l'employé en se levant pour transmettre au fonctionnaire les pièces annexées à l'acte de mariage.

Ce débat bureaucratique avait quelque chose de flétrissant. C'était en peu de mots toute une histoire. La haine des Porta et des Piombo, de terribles passions étaient analysées, inscrites sur une page de l'état civil, comme, sur la pierre d'un tombeau, sont gravées, en quelques lignes, les annales d'un peuple, souvent même en un mot : — Robespierre — Napoléon.

Ginevra tremblait. Semblable à la colombe
qui, traversant les mers, n'avait que l'arche
pour poser ses pieds, elle ne pouvait réfugier
son regard que dans les yeux de Luigi. Tout
était sombre et froid autour d'elle. Le maire
avait un air improbateur et sévère, et son
commis regardait les deux époux avec une curiosité malveillante. Rien n'eut jamais moins
l'air d'une fête. C'était comme toutes les choses
de la vie humaine quand elles sont dépouillées
de leurs accessoires, — une misère ; — un fait
simple en lui-même, mais immense par la pensée.

Enfin, après quelques interrogations auxquelles les époux répondirent, après quelques
paroles marmottées par le maire, et après avoir
signé leurs noms, Luigi et Ginevra furent
unis. Ils traversèrent, la tête baissée, et honteux comme des coupables, deux haies de
parens joyeux auxquels ils n'appartenaient pas
et qui s'impatientaient presque du retard que
leur causait ce mariage si triste en apparence.

Quand la jeune fille se trouva dans la cour
de la mairie et sous le ciel, un soupir s'échappa
de son sein : elle ressemblait à une captive
délivrée.

9.

— Oh! toute ma vie, toute une vie de soins et d'amour suffira-t-elle pour reconnaître le courage et la tendresse de ma Ginevra?...

A ces mots, que des larmes de bonheur accompagnaient, la mariée oublia toutes ses souffrances; car elle avait souffert de se présenter devant le monde, réclamant un bonheur que sa famille refusait de sanctionner.

— Pourquoi les hommes se mettent-ils donc entre nous?... dit-elle avec une naïveté de sentiment qui ravit le pauvre Luigi.

Le plaisir rendit les deux époux plus légers; ils ne voyaient ni ciel, ni terre, ni maisons, et il semblait qu'ils eussent des ailes en allant à l'église.

Enfin ils arrivèrent à une petite chapelle obscure et devant un autel sans pompe, où un vieux prêtre, chagrin, célébra leur union.

Là, comme à la mairie, ils furent entourés par les deux noces, qui les poursuivaient de leur éclat. L'église, pleine d'amis et de parens, retentissait du bruit que faisaient les carrosses, les bedeaux, les suisses, les prêtres. Les autels brillaient de tout le luxe ecclésiastique. On ne voyait que fleurs, que parfums, que cierges étincelans, que coussins de velours brodés d'or, et les couronnes de fleurs d'oranger qui paraient les statues de la Vierge avaient été renouvelées. Il semblait que Dieu fût complice de cette joie d'un jour.

Quand il fallut tenir au-dessus des têtes de Luigi et de Ginevra ce symbole d'union éternelle, ce joug de satin blanc, doux, brillant, léger pour les uns, et de plomb pour le plus grand nombre, le prêtre chercha des yeux les jeunes garçons qui, d'ordinaire, remplissent joyeusement cet office, mais ce fut en vain ; il fallut les faire remplacer par un enfant de chœur et par le maréchal-des-logis. L'ecclésiastique fit à la hâte une instruction aux époux sur les périls de la vie, sur les devoirs qu'ils auraient à apprendre à leurs enfans ; et, à ce sujet, il glissa un reproche indirect sur l'absence des parens de Ginevra ; puis, après les avoir unis devant Dieu, comme le maire les avait unis devant la loi, il se hâta d'achever sa messe, et les quitta.

— Dieu les bénisse ! dit le hussard au maçon sous le porche de l'église. Jamais deux créatures ne furent mieux faites l'une pour l'autre. Les parens de cette fille-là sont des infirmes. Je ne connais pas de soldat plus brave que le major Louis! Si tout le monde s'était comporté comme lui, je ne sais pas ce qui serait arrivé...

La bénédiction du soldat, la seule qui, dans ce jour, leur eût été donnée, répandit comme un baume sur le cœur de Ginevra.

— Adieu, mon brave! dit Luigi au maréchal, je te remercie.

— Tout à votre service, mon major : âme, individu, chevaux et voitures, tout est à vous...

Ils se séparèrent en se serrant la main, et Luigi remercia cordialement son propriétaire.

— Comme il t'aime!... dit Ginevra.

Mais Luigi entraîna vivement la jeune fille à la maison qu'ils devaient habiter, et ils atteignirent bientôt leur modeste appartement. Là, quand la porte fut refermée, Luigi, prenant sa femme dans ses bras et la serrant avec force, s'écria :

— O ma Ginevra! car maintenant tu es à moi, ici est la véritable fête!... Ici, reprit-il, tout nous sourira!...

Ils parcoururent ensemble les trois chambres

dont leur logement était composé. La pièce d'entrée servait de salon et de salle à manger. A droite, se trouvait une chambre à coucher ; à gauche un grand cabinet que Luigi avait fait arranger pour sa chère épouse. Là étaient les chevalets, la boîte à couleurs, les plâtres, les modèles, les mannequins, les tableaux, les cadres, les portefeuilles, humble mobilier de l'artiste.

— C'est ici que je travaillerai !... dit-elle avec une expression enfantine.

Elle regarda long-temps la tenture, les meubles, et toujours elle se retournait vers Luigi, et lui souriait finement, comme pour le remercier. En effet, il y avait une sorte de magnificence dans ce petit réduit. Une bibliothèque contenait les livres favoris de Ginevra ; au fond était un piano.

— Mais, c'est ici que nous vivrons !... dit-elle enfin.

Elle s'assit sur un divan, attira Luigi près d'elle, et lui serrant la main :

— Tu as bon goût !... dit-elle d'une voix caressante.

— Oh ! que je suis heureux !...

— Mais voyons donc tout ?... demanda Ginevra, à laquelle Luigi avait fait un mystère des ornemens de cette retraite.

Alors ils allèrent vers une chambre nuptiale, toute fraîche, toute brillante, blanche comme une vierge, gracieuse image de leur union.

— Oh! sortons, sortons!... dit Luigi en riant.

— Mais je veux tout voir!...

Et l'impérieuse Ginevra visita l'ameublement avec le soin curieux d'un antiquaire examinant le fruste d'une médaille. Elle toucha les soieries, elle passa tout en revue avec le contentement naïf d'une jeune mariée qui déploie les richesses de sa corbeille.

— Nous commençons par nous ruiner!... dit-elle d'un air moitié joyeux, moitié chagrin.

— C'est vrai! Tout l'arriéré de ma solde est là! répondit Luigi: je l'ai vendu à un juif.

— Pourquoi?... reprit-elle d'un ton de reproche où perçait une satisfaction secrète. Crois-tu que je serais moins heureuse sous un toit?... Mais, reprit-elle, tout cela est bien joli... et c'est à nous!...

Luigi la contemplait avec tant d'enthousiasme qu'elle baissa les yeux, et lui dit :

— Allons voir le reste!

Au-dessus de ces trois chambres et sous les toits, il y avait un cabinet pour Luigi, une cuisine et une chambre de domestique. Ginevra fut très satisfaite de son petit domaine. La vue s'y trouvait bien bornée par le large mur d'une maison voisine, et la cour d'où venait le jour était bien sombre et étroite; mais les deux amans avaient le cœur si joyeux, et l'espérance leur embellissait si bien l'avenir, qu'ils ne purent jamais voir que de charmantes images dans leur mystérieux asile. Ils étaient au fond de cette vaste maison et perdus dans l'immensité de Paris, comme deux perles, dans leur nacre, au sein des profondes mers. Pour tout autre, c'eût été une prison ; pour eux, ce fut un paradis.

Les premiers jours de leur union appartinrent à l'amour. Il leur était trop difficile de se vouer tout-à-coup à un travail assidu, et ils ne surent pas résister au charme de leur propre passion. Luigi restait des heures entières couché au pied de sa Ginevra, admirant la couleur de ses cheveux, la coupe de son front, le ravissant encadrement de ses yeux, et la pureté, la blancheur des deux arcs sous lesquels ils s'agitaient lentement en exprimant le bonheur d'un amour satisfait; tandis que Ginevra caressait la chevelure de son Luigi, ne se lassant jamais de voir ce qu'elle nommait la *beltà folgorante* de son époux, la finesse de ses traits; et toujours plus séduite par la noblesse de ses manières de même qu'elle le séduisait toujours par la grâce entraînante des siennes. Ils jouaient comme des enfans avec des riens, et ces riens les ramenaient toujours à leur passion; et ils ne cessaient leurs jeux que pour tomber dans toute la rêverie du *far niente*. Alors, un air chanté par Ginevra leur reproduisait encore les ineffables joies, les nuances délicieuses de leur amour. Puis ils allaient, unissant leurs pas comme ils avaient uni leurs âmes, parcourant les campagnes, retrouvant leur amour partout : dans les fleurs, sur les cieux, au sein des teintes ardentes du soleil couchant; ils le lisaient jusque sur les nuées capricieuses qui se combattaient dans les airs. Une journée ne ressemblait jamais à la précédente, car leur amour allait croissant parce qu'il était vrai. Ils s'étaient éprouvés en peu de jours, et ils avaient instinctivement reconnu que leurs âmes étaient de celles dont les richesses inépuisables semblent toujours promettre de nouvelles jouissances pour l'avenir. C'était l'amour dans toute sa naïveté, avec ses interminables causeries, ses phrases inachevées, ses longs silences, son repos oriental et sa fougue. Luigi et Ginevra avaient tout compris de l'amour. N'est-il pas comme la mer qu'on voit en un moment, que les âmes vulgaires accusent de monotonie; tandis, que çà et là, dans la foule, des êtres privilégiés peuvent passer leur vie à l'admirer, y découvrant sans cesse de changeans phénomènes qui ravissent.

Cependant, un jour, la prévoyance vint tirer les jeunes époux de leur Eden. Il leur était devenu nécessaire de travailler pour vivre.

Ginevra, qui avait un talent particulier pour imiter les vieux tableaux, se mit à faire des copies. Elle se forma bientôt une clientèle parmi les brocanteurs.

De son côté, Luigi chercha très activement de l'occupation; mais il était bien difficile à un jeune officier dont tous les talens se bornaient à bien connaître la stratégie, de trouver de l'emploi à Paris. Enfin un jour que, lassé de ses vains efforts, il avait le désespoir dans l'âme, en voyant que le fardeau de leur existence n'était supporté que par Ginevra, il songea à tirer parti d'un bien faible talent qu'il possédait. Son écriture était fort belle, et il avait le don d'écrire aussi vite que bien. Avec une constance dont sa femme lui donnait l'exemple, il alla solliciter les avoués, les notaires, les avocats de Paris. La franchise de ses manières, sa situation, intéressèrent vivement en sa faveur. Il obtint assez de copies et d'expéditions pour être obligé de se faire aider par des jeunes gens. Insensiblement il éleva un bureau d'écritures qui eut une certaine vogue. Le produit de ce bureau et le prix des tableaux de Ginevra finirent par mettre le jeune ménage dans une aisance dont les deux époux étaient fiers, car ce bien-être provenait de leur industrie.

Ce fut pour eux le plus beau moment de leur vie. Les journées s'écoulaient rapidement entre les occupations et l'amour. Le soir, quand ils avaient bien travaillé, ils se retrouvaient avec bonheur dans la petite cellule de Ginevra. La musique les consolait de leurs fatigues. Alors jamais une expression de mélancolie ne venait obscurcir les traits de la jeune femme, et jamais elle ne se permit une plainte. Elle savait toujours apparaître à son Luigi, le sourire sur les lèvres, les yeux rayonnans de joie. Tous deux caressaient une pensée dominante qui leur eût fait trouver du plaisir aux occupations les plus rudes. Ginevra se disait qu'elle travaillait pour Luigi; et Luigi, pour Ginevra. Parfois, en l'absence de son mari, la jeune femme songeait au bonheur parfait qu'elle aurait eu, si cette vie d'amour s'était écoulée en présence de son père et de sa mère; et alors elle tombait dans une mélancolie profonde. Elle éprouvait toute la puissance des remords. De sombres tableaux passaient comme des ombres dans son imagination : c'était son vieux père seul, ou sa mère pleurant le soir, et dérobant ses larmes à l'inflexible Piombo; ces deux têtes blanches et graves, elle les voyait quelquefois se dresser soudain devant elle, et il lui semblait qu'elle ne devait plus les contempler qu'à la lueur fantastique du Souvenir. Cette idée la poursuivait comme un pressentiment.

Elle célébra l'anniversaire de son mariage en donnant à son mari un portrait qu'il avait souvent désiré : c'était celui de sa Ginevra. Jamais la jeune artiste n'avait rien composé d'aussi remarquable. A part une ressemblance parfaite, l'éclat de sa beauté, la pureté de ses sentimens, le bonheur de l'amour y étaient rendus avec une sorte de magie. Le chef-d'œuvre fut inauguré.

Ils passèrent encore une autre année au sein de l'aisance. Alors l'histoire de leur vie peut se faire en tros mots : *ils étaient heureux*. Il ne leur arriva donc aucun évènement qui mérite d'être rapporté.

Au commencement de l'hiver de l'année 1817, les marchands de tableaux conseillèrent à Ginevra de leur donner autre chose que des copies, parce qu'ils ne pouvaient plus les vendre. Alors madame Luigi reconnut le tort qu'elle avait eu de ne pas s'exercer à peindre des tableaux de genre : elle aurait acquis un nom. Elle essaya ; mais il fallut des modèles. Elle entreprit aussi de faire des portraits ; mais elle eut à lutter contre une foule d'artistes encore moins riches qu'elle. Cependant, comme Luigi et

Ginevra avaient amassé quelque argent, ils ne désespérèrent pas de l'avenir.

A la fin de l'hiver, au mois d'avril 1818, Luigi travaillait sans relâche ; mais il avait tant de concurrens, et le prix des écritures était tellement baissé, qu'il ne pouvait plus employer personne, et il se trouvait dans la nécessité de consacrer plus de temps qu'autrefois à son labeur pour en retirer la même somme.

Sa femme avait fini plusieurs tableaux qui n'étaient pas sans mérite ; mais les marchands n'achetaient même pas ceux des artistes en réputation. Ginevra les offrit à vil prix, sans pouvoir les vendre.

Leur situation était quelque chose d'épouvantable. Leurs âmes nageaient dans le bonheur ; l'amour les accablait de ses trésors, et la pauvreté se levait comme un squelette au milieu de cette moisson de plaisirs. Ils se cachaient l'un à l'autre leurs inquiétudes. C'était au moment où Ginevra se sentait près de pleurer en voyant son Luigi souffrir, qu'elle le comblait de caresses ; de même que Luigi gardait un noir chagrin au fond de son cœur, en exprimant le plus tendre amour. Il semblait qu'ils trouvassent une compensation à tous leurs maux dans l'exaltation de leurs sentimens ; et alors leurs paroles, leurs joies, leurs jeux étaient empreints d'une espèce de frénésie. Ils avaient peur de l'avenir. Or, quel est le sentiment dont la force puisse se comparer à celle d'une passion qui doit cesser le lendemain, tuée par la Mort ou par la Nécessité? Quand ils se parlaient de leur indigence, c'était en riant. Ils éprouvaient le besoin de se tromper l'un et l'autre, et tous deux saisissaient avec une égale ardeur le plus léger espoir.

Une nuit, Ginevra chercha vainement Luigi auprès d'elle. Elle se leva tout effrayée. Une faible lueur qui se dessinait sur le mur noir de la petite cour lui fit deviner que Luigi travaillait pendant la nuit. Il attendait que sa femme fût endormie avant de monter à son cabinet. Quatre heures sonnèrent. Le jour commençait à poindre. Ginevra se recoucha, et feignit de dormir. Luigi revint. Il était accablé de fatigue et de sommeil. Elle regarda cette belle figure sur laquelle les travaux et les soucis imprimaient déjà quelques rides. Des larmes roulèrent dans les yeux de la jeune femme.

— C'est pour moi, dit-elle, qu'il passe les nuits à écrire...

Une pensée vint sécher ses larmes. Elle songeait à imiter Luigi.

Le jour même elle alla chez un riche marchand d'estampes, et à l'aide d'une lettre de recommandation qu'elle se fit donner par un brocanteur pour le négociant, elle en obtint l'entreprise de ses coloriages. Le jour elle peignait et s'occupait des soins du ménage. Puis quand la nuit arrivait, elle coloriait des gravures. Ainsi, ces deux jeunes gens, épris d'amour, n'entraient au lit nuptial que pour en sortir. Ils feignaient tous deux de dormir, et, par dévouement, se quittaient aussitôt que l'un avait trompé l'autre.

Une nuit, Luigi succombant à l'espèce de fièvre que lui causait un travail sous le poids duquel il commençait à succomber, se leva pour ouvrir la petite lucarne de son cabinet. Il respirait l'air pur du matin, et semblait oublier ses douleurs à l'aspect du ciel, quand, abaissant ses regards, il aperçut une forte lueur sur le mur qui faisait face aux fenêtres de l'appartement de Ginevra. Il devina tout. Il descendit, marcha doucement, et surprit sa femme au milieu de son atelier, enluminant des gravures.

— Oh! Ginevra! Ginevra!... s'écria-t-il.

Elle fit un saut convulsif sur sa chaise et rougit.

— Pouvais-je dormir, dit-elle, tandis que tu t'épuisais de fatigue?

— Mais c'est à moi seul qu'appartient le droit de travailler ainsi.

— Puis-je rester oisive, répondit la jeune épouse dont les yeux se mouillèrent de larmes, quand je sais que chaque morceau de pain nous coûte presque une goutte de ton sang!... Je mourrais si je ne joignais pas mes efforts aux tiens... Tout ne doit-il pas être commun entre nous, plaisirs et peines?...

— A-t-elle froid!... s'écria Luigi avec désespoir. Ferme donc mieux ton schall sur ta poitrine, ma Ginevra, la nuit est humide et fraîche...

Ils vinrent devant la fenêtre. La jeune femme était dans les bras de son mari. Elle appuya sa tête sur le sein de son bien-aimé; et, tous deux ensevelis dans un silence profond, regardèrent le ciel qui s'éclairait lentement. Des nuages d'une teinte grise se succédaient rapidement, et la lueur, grandissant à l'orient, devenait de plus en plus vive.

— Vois-tu, dit Ginevra, c'est un présage! Nous serons heureux.

— Oui, au ciel!... répondit Luigi avec un sourire amer. — Oh! Ginevra! toi qui méritais tous les trésors de la terre!...

— J'ai ton cœur!... dit-elle avec un accent de joie.

— Ah! je ne me plains pas, reprit-il en la serrant fortement contre lui. Et il couvrit de baisers ce visage délicat qui commençait à perdre la fraîcheur de la jeunesse, mais dont l'expression était si tendre et si douce qu'il ne pouvait jamais le voir sans être consolé.

— Quel silence! dit Ginevra. Mon ami, je trouve un grand plaisir à veiller! Il y a quelque chose de majestueux dans la nuit. Il y a je ne sais quelle puissance dans cette idée : tout dort et je veille!...

— O ma Ginevra! ce n'est pas d'aujourd'hui que je sens tout ce qu'il y a de gracieux et de délicat dans ton âme!... Mais voici l'aurore, viens dormir.

— Oui, répondit-elle, si je ne dors pas seule... Oh! que j'ai souffert la nuit où je me suis aperçue que mon Luigi veillait sans moi!...

Le courage avec lequel ces deux jeunes époux combattaient le malheur reçut pendant quelque temps sa récompense; mais l'évènement qui met ordinairement le comble à la félicité des ménages leur devint funeste.

Ginevra eut un fils. Il était, pour se servir d'une expression populaire, *beau comme le jour.* Le sentiment de la maternité doubla les forces de la jeune femme. Luigi emprunta pour subvenir aux dépenses des couches de Ginevra, de sorte que, dans les premiers momens, elle ne sentit pas tout le malaise de sa situation.

Ils se livrèrent tous deux au bonheur d'élever un enfant; mais ce fut leur dernière félicité.

Ils luttèrent d'abord courageusement, comme deux nageurs, qui unissent leurs efforts pour rompre un courant; mais parfois aussi, ils s'abandonnaient à une apathie, semblable à ces sommeils qui précèdent la mort. Bientôt ils se virent obligés de vendre leurs bijoux. La pauvreté se montra tout-à-coup, non pas hideuse, mais vêtue simplement. Elle était douce et sa voix n'avait rien d'effrayant. Elle ne traînait après elle ni le désespoir, ni lambeaux, ni spectres ; mais elle faisait perdre le souvenir et les habitudes de l'aisance. Elle usait les ressorts de l'orgueil. Puis, vint la misère dans toute son horreur, insouciante de ses haillons et foulant tous les sentimens humains; mais il est de nobles âmes qui ne balancent jamais à l'aspect des tableaux qu'elle déroule...

Sept ou huit mois après la naissance du petit Paolo, l'on aurait eu de la peine à reconnaître dans une mère allaitant un enfant malingre l'original de cet admirable portrait, devenu le seul ornement d'une chambre nue et déserte. Ginevra était sans feu, au milieu de l'hiver. Les gracieux contours de sa figure avaient disparu. Ses joues étaient blanches comme de la porcelaine et ses yeux semblaient avoir pâli. Elle regardait en pleurant son enfant amaigri, décoloré, et ne souffrait que de cette jeune misère.

Luigi debout et silencieux n'avait pas le courage de sourire à son fils.

— J'ai couru tout Paris !... disait-il d'une voix sourde ; mais je n'y connais personne, et comment oser demander à des indifférens?... *Hardy*, mon pauvre Hardy, le brave maréchal-des-logis, est impliqué dans une conspiration, et il a été mis en prison ! — D'ailleurs, il m'a prêté tout ce dont il pouvait disposer ! Quant à notre propriétaire... il ne nous a rien demandé depuis un an...

— Mais nous n'avons besoin de rien.... répondit doucement Ginevra en affectant un air calme.

— Chaque jour qui arrive, reprit Luigi avec terreur, amène une difficulté de plus....

La faim était à leur porte.

Luigi prit tous les tableaux de Ginevra, le portrait, plusieurs meubles dont on pouvait encore se passer, et vendit tout à vil prix. La somme qu'il en obtint prolongea l'agonie du ménage pendant quelques momens.

Ce fut dans ces jours de malheur que Ginevra montra toute la sublimité de son caractère et de sa résignation. Elle supportait héroïquement les atteintes de la douleur. Son âme énergique la soutenait contre tous les maux. Elle travaillait d'une main défaillante, auprès de son fils mourant. Elle expédiait les soins du ménage avec une activité miraculeuse, et suffisait à tout. Elle était même heureuse encore, quand elle voyait, sur les lèvres de Luigi, un sourire d'étonnement à l'aspect de la propreté qu'elle faisait régner dans l'unique chambre où ils s'étaient réfugiés.

— Mon ami, lui dit-elle un soir qu'il rentrait fatigué, je t'ai gardé ce morceau de pain.

— Et toi ?

— Moi, j'ai dîné! cher Luigi, je n'ai besoin de rien. Prends!...

Et la douce expression de son visage le pressait encore plus que sa parole, d'accepter une nourriture dont elle se privait.

Luigi l'embrassa. C'était un de ces baisers de désespoir, qui se donnaient, en 1793, entre amans, à l'heure où l'on montait à l'échafaud. En ces momens suprêmes, deux êtres se voient cœur à cœur. Aussi le malheureux Luigi, comprenant tout-à-coup que sa femme était à jeun partagea la fièvre qui la dévorait. Alors il frissonna, et sortit en prétextant une affaire pressante.

Il aurait mieux aimé prendre le poison le plus subtil, plutôt que d'éviter la mort en mangeant le dernier morceau de pain qui se trouvait chez lui. Il sortit sans satisfaire sa faim, et se mit à errer dans Paris au milieu des voitures les plus brillantes, au sein de ce luxe insultant qui éclate partout. Il passa vite devant les boutiques des changeurs où l'or étincelait. Enfin, il résolut de se vendre, de s'offrir comme remplaçant pour le service militaire, espérant que ce sacrifice sauverait Ginevra, et que, pendant son absence, elle pourrait rentrer en grâce auprès de Bartholoméo.

Il alla donc trouver un de ces hommes qui font la traite des blancs, et il éprouva une sorte de bonheur à reconnaître en lui un ancien officier de la garde.

— Il y a deux jours, lui dit-il d'une voix lente et faible, que je n'ai mangé ! Ma femme meurt de faim. Elle ne m'adresse pas une plainte. Elle expirerait en souriant, je crois.... De grâce, mon camarade, ajouta-t-il avec un sourire amer, achète-moi d'avance. Je suis robuste, je ne suis plus au service, et je...

L'officier donna une somme à Luigi, en à-compte sur celle qu'il s'engageait à lui procurer.

L'infortuné poussa un rire convulsif, quand il tint une poignée de pièces d'or... Il courut de toute sa force vers sa maison, haletant, et criant parfois : — O ma Ginevra! Ginevra!

Il commençait à faire nuit quand il arriva chez lui. Il entra tout doucement, craignant de donner une trop forte émotion à sa femme qu'il avait laissée très faible. Les derniers rayons du soleil pénétrant par le haut des fenêtres venaient mourir sur le visage de Ginevra, qui dormait assise sur une chaise. Elle tenait son enfant sur son sein et le serrait fortement.

— Réveille-toi, ma chère Ginevra, dit-il sans s'apercevoir de la pose de son enfant, qui, en ce moment, conservait un éclat surnaturel.

A cette voix, la pauvre mère ouvrit les yeux; et, rencontrant le regard de Luigi, elle sourit; mais Luigi jeta un cri d'épouvante, car Ginevra était tout-à-fait changée, et c'était à peine s'il la reconnaissait. Il lui montra par un geste

d'une sauvage énergie l'or qu'il avait à la main
La jeune femme se mit à rire machinalement ; mais tout-à-coup elle s'écria d'une voix affreuse :

— Louis ! mon enfant est froid !......

Elle regarda son fils et s'évanouit, car il était mort.

Luigi prit sa femme dans ses bras en lui laissant son enfant qu'elle serrait avec une force incompréhensible ; puis, l'ayant posée sur le lit, il sortit pour appeler au secours.

— O mon Dieu ! dit-il à son propriétaire qu'il rencontra sur l'escalier, j'ai de l'or, et mon enfant est mort de faim. — Sa mère se meurt, et j'étouffe.... Aidez-nous.....

Il revint comme un désespéré vers Ginevra, et laissa l'honnête maçon s'occupant, ainsi que plusieurs voisins, de rassembler tout ce qui pouvait soulager une misère inconnue jusqu'alors, tant les deux époux l'avaient soigneusement cachée par un sentiment d'orgueil. Luigi avait jeté son or sur le plancher, et s'était agenouillé au chevet du lit où gisait Ginevra.

— Mon père, s'écriait-elle dans son délire, prenez soin de mon fils et de Luigi....

— O mon ange, calme-toi, lui disait Luigi en l'embrassant, de beaux jours nous attendent.

Cette voix et cette caresse lui rendirent quelque tranquillité.

— Oh! mon Louis, reprit-elle en le regardant avec une attention extraordinaire, écoute-moi bien. Je sens que je meurs, mais cela est tout naturel, je souffrais trop — et puis — un bonheur aussi grand que le mien ne pouvait se payer que par la mort.—Oui, mon Luigi, console-toi! — J'ai été si heureuse... que si je recommençais à vivre, j'accepterais encore notre destinée!... Je suis une mauvaise mère ; car je te regrette encore plus que mon enfant...

— Mon enfant! ajouta-t-elle d'un son de voix profond. Deux larmes se détachèrent de ses yeux mourans, et soudain elle pressa le cadavre qu'elle n'avait pu réchauffer.

— Donne ma chevelure à mon père, en souvenir de sa Ginevra, reprit-elle; dis-lui bien que je ne l'ai jamais accusé...

Sa tête tomba sur le bras de son époux.

—Non, tu ne peux pas mourir! s'écria Luigi. Le médecin va venir... Nous avons du pain!— Ton père va te recevoir en grâce. La prospérité s'est levée pour nous. Reste, mon ange de bonté!...

Mais ce cœur fidèle et plein d'amour devenait froid. Ginevra tournait instinctivement les yeux vers celui qu'elle adorait, mais elle n'était presque plus sensible à rien. Des images confuses s'offraient à son esprit, prêt à perdre tout souvenir de la terre. Cependant elle savait que Luigi était là ; car elle serrait toujours plus fortement la main glacée qu'il lui avait abandonnée. Elle semblait vouloir se retenir au-dessus d'un précipice où elle croyait tomber.

— Mon ami, dit-elle enfin, tu as froid, je vais te réchauffer là.

Elle voulut mettre la main de son mari sur son cœur, mais elle expira.

Deux médecins, des prêtres, des voisins, entrèrent en ce moment apportant tout ce qui était nécessaire pour sauver les deux époux et calmer leur désespoir.

Ils firent beaucoup de bruit d'abord ; mais quand ils furent tous entrés, un affreux silence régna.

LE CHATIMENT.

Bartholoméo et sa femme étaient assis dans leurs fauteuils antiques, chacun à un coin de la vaste cheminée dont l'ardent brasier réchauffait à peine l'immense salon de leur hôtel.

La pendule marquait minuit.

Depuis long-temps les deux époux avaient perdu le sommeil.

En ce moment, ils étaient silencieux comme deux vieillards tombés en enfance et qui regardent tout sans rien voir.

Leur salon désert, mais plein de souvenirs pour eux, était faiblement éclairé par une lampe qu'ils laissaient mourir ; et, sans les flammes pétillantes du foyer, ils eussent été dans une obscurité complète.

Un de leurs amis venait de les quitter.

La chaise sur laquelle il s'était assis pendant sa visite se trouvait entre les deux époux.

Piombo avait déjà jeté plus d'un regard sur cette chaise. Ces regards étaient autant d'idées: ils se succédaient comme des remords.

La chaise vide était celle de Ginevra.

Maria Piombo épiait les expressions qui passaient sur la blanche figure de son mari ; mais bien qu'elle fût habituée à deviner les sentimens du Corse, d'après les changeantes révolutions de ses traits, ils étaient tour à tour si menaçans et si mélancoliques, qu'elle ne pouvait plus lire dans cette âme incompréhensible.

Bartholoméo succombait-il sous les puissans souvenirs que réveillait cette chaise ?

Était-il choqué de voir qu'elle venait de servir pour la première fois à un étranger, depuis le départ de sa fille ?

L'heure de sa clémence, cette heure si vainement attendue jusqu'alors, avait-elle sonné?

Telles furent les réflexions qui agitèrent successivement le cœur de Maria Piombo. Il y eut un instant où la physionomie de son mari devint si terrible qu'elle trembla d'avoir osé employer une ruse même aussi simple pour faire naître l'occasion de parler de Ginevra.

En ce moment la bise chassa si violemment les flocons de neige sur les persiennes, que les deux vieillards entendirent un léger bruissement.

Alors la mère de Ginevra frissonna et baissa la tête pour dérober ses larmes à l'implacable Piombo.

Tout-à-coup un soupir sortit de la poitrine du vieillard. Sa femme le regarda, il était abattu. Alors elle osa parler de sa fille pour la seconde fois depuis trois ans.

— Si Ginevra avait froid!.. s'écria-t-elle doucement.

Piombo tressaillit.

— Elle a peut-être faim!... dit-elle en continuant.

Le Corse laissa échapper une larme.

— Je sais, reprit vivement la mère avec l'accent du désespoir, qu'elle a un enfant, et qu'elle ne peut pas le nourrir, parce que son lait s'est tari.

— Qu'elle vienne! qu'elle vienne! s'écria Piombo. O mon enfant chéri! Mon enfant, tu as vaincu! Ginevra!...

La mère se leva comme pour aller chercher sa fille.

En ce moment la porte s'ouvrit avec fracas; et un homme, dont le visage n'avait plus rien d'humain, surgit tout-à-coup devant eux.

— Nos deux familles devaient s'exterminer l'une par l'autre, cria-t-il. — Morte! morte!... tout...

Puis, posant sur une table la longue chevelure noire de Ginevra:

— Voilà tout ce qui reste d'elle!...

Les deux vieillards frissonnèrent comme s'ils eussent reçu une commotion de la foudre. Comme ils ne voyaient plus Luigi, cette scène avait le caractère d'une épouvantable apparition.

— Il est mort!... s'écria lentement Bartholoméo en regardant à terre.

— Et notre fille aussi ! répondit la mère en se levant par un mouvement saccadé. Puis elle fit trois pas.

Piombo resta debout, immobile, les yeux secs.

— Rien ! dit-il d'une voix sourde en contemplant les cheveux. — Plus rièn !.. Et seul !...

SCÈNE II.

LES DANGERS DE L'INCONDUITE.

LES

DANGERS DE L'INCONDUITE.

La soirée finissait toujours assez tard chez madame la vicomtesse de Grandlieu. Pendant une nuit de l'hiver dernier, il se trouvait encore à une heure du matin dans son salon deux personnes étrangères à sa famille. Un jeune et très joli homme sortit en entendant sonner la pendule. Quand le bruit de sa voiture retentit au dehors, madame de Granlieu jeta un regard inquiet autour d'elle; et, s'apercevant qu'il ne restait plus que deux hommes assis à une table d'écarté, elle s'avança vers sa fille comme pour lui parler.

C'était une jeune personne élégamment mise, charmante, et qui, debout devant la cheminée du salon, écoutait le bruit que faisait le cabriolet dans la rue, tout en ayant l'air d'examiner un beau garde-vue en litophanie, nouveauté qui venait de paraître.

— Camille, dit la vicomtesse en regardant sa fille avec attention, je vous préviens que si vous continuez à tenir avec le jeune comte de Restaud la conduite que vous avez eue ce soir, je ne le recevrai plus chez moi...

— Maman...

— Assez, Camille... Ecoutez-moi, vous êtes fille unique, vous êtes riche; or, vous ne devez pas songer à épouser un jeune homme qui n'a aucune espèce de fortune. Vous avez confiance en moi, ma chère enfant, laissez-moi donc un peu vous conduire dans la vie. Ce n'est pas à dix-sept ans que l'on peut juger de certaines convenances..... Je ne vous ferai qu'une seule observation. — Ernest a une mère qui mangerait des millions. Il l'adore, et la soutient avec une piété filiale digne des plus grands éloges;

il a surtout un soin extrême de son frère et de sa sœur, ce qui est admirable, ajouta la comtesse d'un air fin. Mais tant que sa mère existera, les familles trembleront de confier l'avenir et la fortune d'une jeune fille à M. le comte de Restaud.

— J'ai entendu quelques mots qui me donnent envie d'intervenir entre vous et mademoiselle Camille !.... s'écria un des deux hommes occupés à faire une partie d'écarté.

— J'ai gagné, monsieur le marquis... dit-il en s'adressant à son adversaire, je vais vous laisser pour courir au secours de votre nièce !...

— Voilà ce qui s'appelle avoir des oreilles d'avoué !.... s'écria la vicomtesse. Comment avez-vous pu m'écouter ? j'ai parlé presque à l'oreille de Camille.

— J'ai entendu par les yeux ! répondit l'avoué en s'approchant du feu.

Il s'assit dans une bergère au coin de la cheminée ; le vieil oncle de Camille se mit à côté d'elle ; et madame de Grandlieu prit place sur une chaise qui se trouvait entre la bergère de l'avoué et la petite causeuse sur laquelle étaient sa fille et l'oncle.

— Il est temps, dit l'avoué, que je vous conte une histoire qui aura deux mérites : d'abord elle présentera de fortes leçons à mademoiselle Camille ; puis, elle vous fera modifier le jugement que vous portez sur la fortune d'Ernest.....

— Une histoire!... s'écria Camille, oh! commencez vite, mon bon ami...

L'avoué jeta sur madame de Grandlieu un regard qui fit comprendre à la vicomtesse tout l'intérêt que pourrait avoir ce récit.

La vicomtesse de Grandlieu, étant une des femmes les plus remarquables du faubourg Saint-Germain, l'une des plus riches, l'une des mieux pensantes, l'une des plus nobles, il ne doit pas sembler très naturel qu'un petit avoué de Paris lui parlât aussi familièrement et se comportât d'une manière si cavalière chez elle. Cependant il n'est pas difficile d'expliquer ce rare phénomène de la vie aristocratique.

Madame de Grandlieu était rentrée en France avec la famille royale. Elle était venue habiter Paris, où elle avait d'abord vécu fort modestement, grâces aux secours que Louis XVIII lui avait accordés sur les fonds de la liste civile.

L'avoué ayant eu l'occasion de découvrir des vices de forme dans la vente que la république avait jadis faite de l'hôtel de Grandlieu, prétendit qu'il devait être restitué à la vicomtesse. Il avait entrepris le procès à ses risques et périls, l'avait gagné, et avait rendu cette propriété à madame de Grandlieu.

Encouragé par ce succès, il avait si bien su chicaner le domaine extraordinaire de la couronne, et la régie de l'enregistrement, qu'il avait obtenu la restitution de la forêt de Grandlieu; plus, celle de quelques actions sur le canal d'Orléans, et certains immeubles assez importans, dont l'empereur avait doté des établissemens publics. L'habileté, le dévouement du jeune avoué avaient si bien rétabli la fortune de madame de Grandlieu, qu'en 1820 elle possédait déjà cent mille livres de rente. Depuis, l'indemnité lui avait rendu des sommes immenses, grâces aux soins du jeune légiste qui était devenu l'ami de la famille.

Il avait plus de quarante ans. C'était un homme de haute probité, savant, modeste, et de bonne compagnie. Sa conduite envers madame de Grandlieu lui avait mérité l'estime et la clientèle de la plupart des maisons du faubourg Saint-Germain ; mais il ne profitait pas de cette faveur comme aurait pu le faire un homme ambitieux. A l'exception de l'hôtel de Grandlieu, où il venait passer quelquefois la soirée, il n'allait nulle part. Il aimait passionnément le travail; et, d'ailleurs, il trouvait trop de bonheur dans son ménage pour rechercher les plaisirs du monde. Il était fort heureux que sa probité et ses talens eussent été mis en lumière par l'affaire de madame de Grandlieu ; car il aurait couru le risque de laisser dépérir son étude. Il n'avait pas une âme d'avoué.

Depuis que le comte Ernest de Restaud s'était introduit chez madame de Grandlieu, et que l'avoué avait découvert la sympathie qui unissait Camille au jeune homme, il était devenu aussi assidu chez madame de Grandlieu qu'un dandy de la Chaussée-d'Antin nouvellement admis dans les cercles du noble faubourg.

Quelques jours auparavant, il s'était trouvé assis auprès de mademoiselle Camille de Grandlieu, et lui avait dit en lui montrant le jeune comte:

— Il est dommage que ce garçon-là n'ait pas deux ou trois millions, n'est-ce pas?...

— Est-ce un malheur?... je ne le crois pas, avait-elle répondu. M. Ernest a beaucoup de talent, il est instruit, il est bien vu du ministre auprès duquel il a été placé, il porte un beau nom; et, je ne doute pas qu'il ne soit un jour un homme très remarquable. Il trouvera tout autant de fortune qu'il en voudra le jour où il sera parvenu au pouvoir...

— Oui, mais s'il était riche...

Camille avait rougi.

— S'il était riche, mon bon ami, mais toutes les jeunes personnes qui sont ici se le disputeraient, avait-elle répondu en montrant les quadrilles.

— Et alors, avait repris l'avoué, mademoiselle Camille de Grandlieu ne serait plus la seule vers laquelle il tournerait les yeux.... Voilà pourquoi vous rougissez, Camille. Vous vous sentez du goût pour lui, n'est-ce pas?.... Allons, dites..

Camille s'était brusquement levée.

— Elle l'aime! avait pensé l'avoué. Et depuis ce jour-là Camille s'était aperçue que son ami le légiste approuvait le sentiment naissant qu'elle avait pour le jeune comte Ernest de Restaud.

L'avoué prit donc la parole, et raconta les scènes qu'on va lire. Elles sont aussi fidèlement rendues que peuvent le permettre les différences qui distinguent une conversation verbeuse, d'une narration écrite.

L'USURIER.

— Comme je joue un rôle dans cette aventure, et qu'elle me rappelle les circonstances les plus romanesques de ma vie, vous me permettrez, j'espère, de suivre mes inspirations. Figurez-vous, mademoiselle, que j'ai vingt-sept ans, et que les évènemens de mon histoire sont arrivés hier. Je vais commencer par vous parler d'un personnage dont vous ne pouvez guère vous faire une idée : c'est un USURIER.

Usurier : saisirez-vous bien cette figure? Elle est pâle et blafarde, et je voudrais que l'académie me permît de lui donner le nom de face *lunaire;* elle ressemble à de l'argent dédoré. Les cheveux sont plats, soigneusement peignés et d'un gris cendré. Le visage est impassible comme celui de M. de Talleyrand : ce sont des traits coulés en bronze. L'œil, aussi jaune que celui d'une fouine, n'a presque point de cils. Le nez est pointu, et les lèvres minces. Cet homme parle bas, d'un ton doux, et ne s'emporte jamais. Ses petits yeux sont toujours garantis de la lumière par la doublure verte d'une vieille casquette. Il est vêtu de noir. Son âge est un problème : on ne sait s'il est vieux avant le temps, ou s'il a ménagé sa jeunesse afin qu'elle lui servît toujours.

Sa chambre est propre comme l'habit d'un Anglais, mais tout y est râpé, depuis le tapis du lit jusqu'au drap vert du bureau. Il semble que ce soit le froid sanctuaire d'une vieille fille qui passerait la journée à frotter de vieux meubles. Tout y est négatif ou rêche. En hiver, je n'ai jamais vu les tisons de son foyer se rejoindre; et ils fument sans flamber, presque toujours enterrés au milieu d'un talus de cendre.

La vie de cet homme s'écoule sans faire plus de bruit que le sable d'une horloge antique. Ses actions, depuis l'heure de son lever jusqu'à ses accès de toux, le soir, sont soumises à la régularité d'une pendule. C'est, en quelque sorte, un *homme-modèle* que le sommeil remonte. Si vous touchez un cloporte cheminant sur un papier, il s'arrête et fait le mort ; de même, cet homme s'interrompt au milieu de son discours, et se tait, quand une voiture passe, afin de ne pas forcer sa voix. A l'imitation de Fontenelle, il tend à économiser le mouvement vital, et concentre tous les sentimens humains dans le *moi*. Quelquefois ses victimes crient beaucoup et s'emportent, puis il se fait chez lui un grand silence, comme dans une cuisine où l'on égorge un canard.

Jusqu'à sept heures de soir, il est grave ; mais à huit heures, l'homme-billet se change en un homme ordinaire : c'est le mystère de la transmutation des métaux en cœur humain. Alors il se frotte les mains et il a une sorte de gaieté semblable au rire à vide de *Bas-de-Cuir ;* mais dans ses plus grands accès de joie, sa conversation est toujours monosyllabique. Tel est le voisin dont le hasard m'a gratifié dans la maison que j'habite rue de Grès.

Cette maison est sombre et humide ; elle n'a pas de cour, et les appartemens ne tirent leur jour que de la rue. La distribution claustrale qui divise le bâtiment en chambres d'égale grandeur, et ne leur laisse d'autre issue qu'une porte donnant sur un long corridor éclairé par des jours de souffrance, annonce que la maison a fait jadis partie d'un couvent. Cet aspect est tellement triste, que la gaieté d'un fils de famille est déjà expirée avant qu'il entre chez mon voisin. La maison et lui se ressemblent : c'est l'huître et son rocher.

Sa vie est un mystère. Le seul être avec lequel il communique, socialement parlant, c'est moi. Il vient me demander du feu ; il m'emprunte un livre, un journal ; et le soir, je suis le seul auquel il permette d'entrer dans sa cellule et auquel il parle volontiers : ces marques de confiance sont le fruit d'un voisinage de sept années. A-t-il des parens, des amis? je ne sais. Je n'ai jamais vu un sou chez lui. Toute sa fortune est sous les caves de la Banque. Il reçoit lui-même ses billets, et il m'a dit que sur chaque effet il percevait deux francs pour la course qu'en nécessite le recouvrement. Il a les jambes sèches comme celles d'un cerf. Du reste, il est martyr de sa prudence : un jour que, par hasard, il portait de l'or sur lui, un double napoléon se fit jour, on ne sait comment, à travers son gousset; un locataire qui le suivait dans l'escalier le ramassa et le lui présenta.

— Cela ne m'appartient pas!... répondit-il avec un geste de surprise, je n'ai jamais d'or chez moi, ni sur moi!...

Le matin, il apprête lui-même son café sur un réchaud de tôle qui ne bouge pas de l'angle noir de sa cheminée. Un rôtisseur lui apporte son dîner. Une vieille portière monte à une heure fixe pour approprier la chambre. Enfin, par un hasard que Sterne appellerait prédestination, cet homme se nomme M. Gobseck.

— Je déclare que votre voisin m'intéresse prodigieusement!.. s'écria le vieil oncle.

— Je le considérais comme un athée, si l'humanité, la sociabilité sont une religion, reprit l'avoué. Aussi, m'étais-je proposé de l'examiner. C'est ce que j'appelais étudier l'anatomie de l'*homo duplex*, de l'homme moral. Mais ne m'interrogez plus, monsieur le marquis, autrement vous éteindriez ma verve. Je reprends le fil de mon improvisation.

Un soir, j'entrai chez cet homme qui s'était fait or. Je le trouvai sur son fauteuil, immobile comme une statue, les yeux arrêtés sur le manteau de la cheminée, où il semblait lire des bordereaux d'escompte. Une lampette de portier, fumeuse, sale, et dont le pied avait été jadis vert, jetait une lueur rougeâtre sur ce visage pâle. Il leva les yeux sur moi et ne me dit rien; mais ma chaise était préparée auprès de lui; elle m'attendait.

— Cet être-là pense-t-il? me dis-je. Sait-il s'il y a un Dieu, un sentiment, des femmes, un bonheur?... Je le plaignis comme j'aurais plaint un malade; mais je comprenais bien aussi que, s'il avait un million à la Banque, il devait posséder toute la terre par la pensée.

— Bonjour, père Gobseck, lui dis-je.

Il tourna la tête vers moi, et ses gros sourcils noirs se rapprochèrent légèrement. Cette inflexion caractéristique équivalait au plus gai sourire d'un Méridional.

— Vous êtes aussi sombre que le jour où l'on est venu vous annoncer la faillite de ce... libraire. Est-ce que vous n'avez pas été payé aujourd'hui ? car nous sommes le 31, je crois...

C'était la première fois que je lui parlais d'argent. Il me regarda, et me répondit de sa voix douce qui ne ressemble pas mal aux sons que tire de sa flûte un élève qui n'en a pas l'embouchure :

— Je m'amuse...

— Vous vous amusez donc quelquefois ?

Il haussa les épaules et me jeta un regard de pitié.

— Croyez-vous qu'il n'y ait de poètes que ceux qui impriment des vers? me demanda-t-il.

— De la poésie dans cette tête !... pensai-je.

— Il n'y a pas de vie plus brillante que la mienne, dit-il en continuant.

Son œil s'anima.

— Ecoutez-moi, reprit-il. Par le récit des évènemens de la matinée, vous devinerez tous mes plaisirs.

Il se leva, il alla pousser le verrou de sa porte, tira un rideau de vieille tapisserie dont les anneaux crièrent sur la tringle, et revint s'asseoir.

— Ce matin, me dit-il, je n'avais que deux effets à recevoir, parce que tous les autres étaient donnés la veille comme comptant à mes pratiques. Le premier billet m'avait été présenté par un beau jeune homme. Il était venu en tilbury. Le papier, signé par l'une des plus jolies femmes de Paris, mariée à un riche propriétaire, avait été souscrit je ne sais pourquoi : il était de mille francs. Le second billet, d'égale somme, devait être acquitté par une dame, car il était signé Fanny Malvaut. Il m'avait été présenté par un marchand de toiles. La comtesse demeurait rue du Helder, et Fanny, rue Montmartre. Si vous saviez les conjectures romanesques que j'ai faites en m'en allant d'ici ce matin! Quelle joie orgueilleuse m'a ému en pensant que si ces deux femmes n'étaient pas en mesure, elles allaient me recevoir avec autant de respect que si j'étais leur propre père!... Que de choses la comtesse n'allait-elle pas faire pour mille francs!... Prendre un air affectueux; me parler de cette voix douce qu'elle réserve peut-être à l'endosseur du billet; me prodiguer des paroles caressantes, me supplier peut-être, et moi...

Là, le vieillard me jeta un regard glacial.

— Et moi, inébranlable !... reprit-il, je suis là comme un vengeur; j'apparais comme un remords; mais laissons les hypothèses. J'arrive.

— Madame la comtesse est couchée... me dit une femme de chambre.

— Quand sera-t-elle visible?

— A midi.

— Madame la comtesse est malade?

— Non, monsieur; mais elle est rentrée du bal à trois heures.

— Je m'appelle Gobseck... Dites-lui mon nom. Je serai ici à midi.

Et je m'en vais, après avoir signé ma présence sur le tapis somptueux qui déguisait les dalles de l'escalier.

Parvenu rue Montmartre, à une maison de peu d'apparence, je pousse une vieille porte cochère, et je vois une de ces cours obscures où le soleil ne pénètre jamais. La loge du portier était noire, et le vitrage ressemblait à la manche d'une douillette trop long-temps portée : il était gras, brun et lézardé,

— Mademoiselle Fanny Malvaut?...

— Elle est sortie ; mais si c'est pour un billet, l'argent est là...

— Je reviendrai, dis-je ; car du moment où le portier avait la somme, je voulais connaître la jeune fille ; je me figurais qu'elle était jeune.

Je passe la matinée à voir les gravures étalées sur le boulevard, et à midi sonnant je traversais le salon qui précédait la chambre de la comtesse.

— Madame ne fait que de sonner à l'instant, me dit la femme de chambre, et je ne crois pas qu'elle soit visible.

— J'attendrai!

Et je m'assieds sur un fauteuil doré.

A peine les persiennes furent-elles ouvertes que la femme de chambre accourut et me dit :

— Entrez, monsieur.

Par le ton qu'elle mit à ses paroles, je devivinai que sa maîtresse n'était pas en mesure. Mais quelle belle femme je vis!... Elle avait jeté à la hâte sur ses épaules nues un schall de cachemire, dans lequel elle s'enveloppait si bien que ses formes ravissantes étaient complètement dessinées. Elle était vêtue d'un élégant peignoir aussi blanc que neige. Ses cheveux noirs s'échappaient confusément de dessous un joli madras, capricieusement noué sur sa tête à la manière des créoles. Son lit offrait le tableau d'un désordre pittoresque. On voyait que son sommeil avait été agité. Un peintre aurait payé pour rester au milieu de cette scène.

C'était d'abord sous les draperies les plus voluptueusement attachées, un oreiller jeté sur un édredon de soie bleue, et dont les garnitures en dentelle se détachaient vivement sur ce fond d'azur. Sur une large peau d'ours, étendue aux pieds des lions ciselés dans l'acajou du lit, brillaient deux souliers de satin blanc, jetés là avec toute l'incurie que cause la lassitude d'un bal. Sur une chaise était une robe froissée, dont les manches touchaient à terre. Des bas, que le zéphir aurait emportés, étaient tortillés autour du pied d'un fauteuil, et de blanches jarretières flottaient le long d'une causeuse. Des fleurs, des diamans, des gants, un bouquet, une ceinture gisaient çà et là. Je sentais une vague odeur de parfums. Un éventail de prix, à moitié déplié, encombrait la cheminée. Les tiroirs de la commode restaient ouverts. Tout était luxe et désordre, beauté sans harmonie, richesse et misère. La figure fatiguée de la comtesse ressemblait à cette chambre parsemée des débris d'une fête. Ces brimborions épars me faisaient pitié; rassemblés, ils avaient causé, la veille, quelque délire. C'étaient comme les vestiges d'un amour foudroyé par le remords; l'image d'une vie de dissipation, de luxe, de bruit : effort de Tantale pour embrasser des plaisirs sans substance. Quelques rougeurs semées sur le visage de la jeune femme attestaient le finesse de sa peau; ses traits étaient comme grossis; le cercle brun qui se dessinait sous ses yeux était plus fortement marqué qu'à l'ordinaire. Néanmoins la nature avait assez d'énergie en elle pour que ces indices de folie n'altérassent pas sa beauté. Ses yeux éteincelaient; elle ressemblait à l'une de ces Hérodiades, dues au pinceau de Léonard de Vinci (car j'ai brocanté les tableaux). Elle était puissante de vie et de force. Rien de mesquin dans les contours, ni dans les traits, ne gênait la pensée. Elle inspirait l'amour, mais elle me semblait plus forte que l'amour. Elle m'a plu. Il y avait long-temps que mon cœur n'avait battu. J'étais déjà payé ; car j'offre plus de mille francs d'une sensation qui me fasse souvenir de ma jeunesse.

— Monsieur, me dit-elle en me présentant une chaise, auriez-vous la complaisance d'attendre ?...

— Jusqu'à demain midi, madame, répondis-je en repliant le billet que je lui avais présenté... Je n'ai le droit de protester qu'à cette heure-là...

Puis en moi-même je me disais : — Paie ton luxe, paie ton nom, paie ton bonheur, paie le monopole dont tu jouis. Il y a des tribunaux, des juges, des échafauds pour les malheureux sans pain ; mais pour vous qui couchez sur la soie et sous la soie, il y a des remords, des grincemens de dents cachés sous un sourire, et des griffes d'acier qui vous pressent le cœur.

— Un protêt !... y pensez-vous ?... s'écriat-elle en me regardant. Vous auriez aussi peu d'égards pour moi !...

— Si le roi me devait, madame, et qu'il ne me payât pas, je l'assignerais...

En ce moment nous entendîmes frapper doucement à la porte de la chambre.

— Je n'y suis pas!... s'écria impérieusement la jeune femme.

— Émilie, je voudrais cependant bien vous voir...

— Pas en ce moment, mon cher, répondit-elle d'une voix moins dure, mais sans douceur néanmoins.

— C'est une plaisanterie, car vous parlez à quelqu'un...

Et un homme, qui ne pouvait être que le comte, entra tout-à-coup. La comtesse me regarda. — Je la compris. Elle devint mon esclave. Ah! il y a eu un temps où j'étais assez bête pour ne pas protester.

— Que veut monsieur?..... me demanda le comte.

Je vis la femme frissonner. La peau blanche et satinée de son cou devint rude. Elle avait, suivant un terme familier, la chair de poule. Moi je riais, sans qu'aucun de mes muscles tressaillît.

— Monsieur est un de mes fournisseurs..... dit-elle.

Le comte me tourna le dos, mais je tirai le billet à moitié hors de ma poche. Alors, à ce mouvement inexorable, la jeune femme vint à moi, me présenta un diamant.

— Prenez, dit-elle, et allez-vous-en!...

Nous échangeâmes les deux valeurs, je la saluai, je sortis. Le diamant valait bien une douzaine de cents francs. Je trouvai dans la cour deux équipages somptueux que l'on nettoyait, des valets qui brossaient leurs livrées et qui ciraient leurs bottes.—Voilà, me dis-je, ce qui amène ces gens-là chez moi; ce qui leur fait voler décemment des millions, ou trahir leur patrie. Pour ne pas se crotter en allant à pied on prend une bonne fois un bain de boue!... Mais précisément, en ce moment, la grande porte s'ouvrit, et livra passage à l'élégant tilbury du jeune homme qui m'avait présenté le billet.

— Monsieur, lui dis-je quand il fut descendu, voici deux cents francs que je vous prie de rendre à madame la comtesse, et vous lui ferez observer que je tiendrai à sa disposition, pendant huit jours, le gage qu'elle m'a remis ce matin. Il prit les deux cents francs, et laissa échapper un sourire moqueur, comme s'il eût dit : — Ah! ah! elle a payé! Ma foi, tant mieux!

J'ai lu sur cette physionomie l'avenir de la comtesse.

Je me rendis rue Montmartre, chez mademoiselle Fanny. Je montai un petit escalier bien raide; et, arrivé au cinquième étage, je fus introduit dans un appartement fraîchement décoré où tout était d'une propreté merveilleuse. Je n'aperçus pas la moindre trace de poussière sur les meubles simples qui ornaient la chambre où me reçut mademoiselle Fanny. C'était une jeune fille parisienne : tête élégante et fraîche, air avenant, des cheveux châtains bien peignés, qui, retroussés en deux arcs sur les tempes, donnaient de la finesse à des yeux bleus purs comme du cristal. Elle était vêtue simplement. Le jour, passant à travers de petits rideaux tendus aux carreaux, jetait une lueur douce sur cette céleste figure. Elle ouvrait du linge; et, autour d'elle, de nombreux morceaux de toile taillés me dénoncèrent ses occupations habituelles. Elle m'offrit une image idéale de la solitude. Quand je lui présentai le billet, je lui dis que je ne l'avais pas trouvée le matin.

— Mais, dit-elle, les fonds étaient chez la portière.

Je feignis de ne pas entendre.

— Mademoiselle sort de bonne heure, à ce qu'il paraît?

— Oh! je suis rarement hors de chez moi; mais quand on travaille la nuit, il faut bien prendre quelquefois des bains...

Je la regardai, et d'un coup-d'œil je devinai tout. C'était une fille appartenant à quelque famille autrefois riche et que le malheur condamnait au travail. Il y avait je ne sais quel air de vertu, de modestie, répandu dans tous ses traits, et une noblesse native. Autour d'elle tout était en rapport avec ses manières. Il me sembla que j'habitais une atmosphère de sincérité, de candeur. Je respirais à mon aise. J'aperçus une simple couchette en bois peint surmonté d'un crucifix orné de deux branches de buis. J'étais touché. Je me sentais disposé à lui laisser l'argent que je vérifiais, ainsi que le diamant de la comtesse; mais je pensai que ce présent lui serait peut-être fatal; et, toute réflexion faite, je gardai le tout, d'autant que le diamant vaut bien quinze cents francs pour une actrice ou une mariée. — Et puis, me dis-je, elle a peut-être aussi un petit cousin qui se ferait une épingle du diamant, et mangerait les mille francs !

Quand vous êtes entré, je pensais que Fanny Malvaut serait une bonne petite femme.

Pendant quinze jours, je songerai à cette vie pure et solitaire, l'opposant à celle de cette comtesse qui a déjà un pied dans le vice !

— Eh bien ! reprit-il après un moment de silence profond, pendant lequel je l'examinais, croyez-vous que ce ne soit rien que de pénétrer ainsi dans les plus secrets replis du cœur humain, d'épouser la vie des autres, de la voir à nu ? Ce sont des spectacles toujours variés : des plaies hideuses, des chagrins mortels, des scènes d'amour, des misères que les eaux de la Seine attendent, des joies de jeune homme qui mènent à l'échafaud, des rires de désespoir et des fêtes somptueuses. Hier une tragédie : un père qui s'asphyxie, parce qu'il ne peut plus nourrir ses enfans ; demain, ce sera une comédie : un jeune homme essayera de jouer la scène de M. Dimanche, avec des variantes. J'ai entendu vanter l'éloquence de Mirabeau; je l'ai bien écouté dans le temps : il ne m'a jamais ému. Mais souvent une jeune fille amoureuse, un vieux négociant sur le penchant d'une faillite, une mère qui veut cacher la faute de son fils, un homme sans pain, un grand sans honneur, m'ont fait frissonner par la puissance de leur parole. Acteurs sublimes, ils jouaient pour moi seul. Mais on ne me trompe pas. Mon regard est comme celui de Dieu ! il voit les cœurs. Rien ne nous est caché. Que me manque-t-il ? je possède tout. L'on ne refuse rien à celui qui lie et délie les cordons d'un sac. L'on achète les ministres et les consciences, c'est le pouvoir; l'on achète les femmes et leurs plus tendres caresses, c'est le plaisir et la beauté; l'on achète tout. Nous sommes les rois silencieux et inconnus de la vie; car l'argent, c'est la vie. Mais si j'ai joui de tout, je me suis rassasié de tout. Nous sommes dans Paris une trentaine ainsi. Liés par le même intérêt, nous nous rassemblons certains jours de la semaine dans un café près du Pont-Neuf. Là, nous nous révélons tous les mystères de la finance. Aucune fortune ne peut nous mentir; car nous possédons les secrets de toutes les familles, et nous avons une espèce de *livre noir* où s'inscrivent les notes les plus importantes sur le crédit public, la banque et le commerce. Nous analysons les actions les plus indifférentes. Nous sommes les casuistes de la Bourse. Comme moi, tous sont arrivés à n'aimer, à l'instar des jésuites, le pouvoir et l'argent que pour le pouvoir et l'argent même.

— Ici, dit-il, en me montrant sa chambre nue et froide; ici, l'amant le plus fougueux, qui s'irrite d'une parole et tire l'épée pour un mot, prie à mains jointes; ici, prie le négociant le plus orgueilleux; ici, prie la femme la plus vaine de sa beauté; ici, prie le militaire le plus fier, prient l'artiste le plus célèbre et l'écrivain dont le nom est promis à la postérité; ici enfin, ajouta-t-il en portant la main à son front, est une balance dans laquelle se pèsent les successions, et même Paris tout entier!...

Croyez-vous maintenant qu'il n'y ait pas de jouissance sous ce masque blanc dont l'immobilité vous a si souvent étonné?... dit-il en me tendant son visage blême qui sentait l'argent.

Je retournai chez moi stupéfait. Ce petit vieillard sec avait grandi. Il s'était changé à mes yeux en une image fantastique : j'avais vu le pouvoir de l'or personnifié. La vie, les hommes me faisaient horreur.

—Tout doit-il donc se résoudre par l'argent? me demandais-je.

Je me souviens de ne m'être endormi que très tard. Je voyais des monceaux d'or autour de moi. La figure de cette belle comtesse m'occupa long-temps, et j'avouerai à ma honte qu'elle éclipsait complètement l'image de cette douce et charmante créature vouée au travail et à l'obscurité.

Mais le lendemain matin, à travers les nuages de mon réveil, la pure et céleste Fanny m'apparut dans toute sa beauté, et je ne pensai plus qu'à elle.

— Voulez-vous un verre d'eau sucrée?... dit la vicomtesse en interrompant l'avoué.

— Volontiers, répondit-il.

Madame de Grandlieu sonna.

— Mais, dit-elle, je ne vois là-dedans rien qui puisse nous concerner...

— Sardanapale!... s'écria l'avoué (c'était son

juron)! je vais bien réveiller mademoiselle Camille en lui disant que son bonheur dépend aujourd'hui du père Gobseck ; et quant à Fanny Malvaut... vous la connaissez... — c'est ma femme !

— Le pauvre garçon ! répliqua la vicomtesse, avouerait cela devant vingt personnes, avec sa franchise ordinaire.

— Je le crierais à tout l'univers....., dit l'avoué.

— Buvez, buvez, mon pauvre ami ; vous ne serez jamais que le plus heureux et le meilleur des hommes...

— Vous allez continuer ! dit Camille.

— Certainement.

— Je vous ai laissée rue du Helder, chez une comtesse !... s'écria le vieux marquis en montrant une tête légèrement assoupie. Qu'en avez-vous fait ?

L'AVOUÉ.

Quelques jours après la conversation que j'avais eue avec M. Gobseck, je passai ma thèse. Je fus reçu licencié en droit, et puis, avocat. La confiance que le vieil avare avait en moi s'accrut beaucoup. Il me consultait gratuitement sur les affaires épineuses dans lesquelles il s'embarquait avec une audace incroyable; et cet homme, sur lequel personne n'aurait pu prendre le moindre empire, écoutait mes conseils avec une sorte de respect. Il est vrai qu'il s'en était toujours très bien trouvé. Enfin, le jour où je fus nommé maître-clerc de l'étude où je travaillais depuis trois ans, je quittai la maison de la rue des Grès, et j'allai demeurer chez mon patron qui me donnait la table et le logement.

Quand je fis mes adieux à l'usurier, il ne me témoigna ni amitié ni déplaisir. Il ne m'engagea pas à le venir voir quelquefois ; mais il me jeta un de ces regards profonds qui, chez lui, semblent en quelque sorte trahir le don de seconde vue.

Au bout de huit jours, je reçus la visite de mon ancien voisin. Il m'apportait une affaire assez difficile : c'était une expropriation. Il continua ses consultations gratuites auprès de moi avec autant de liberté qui s'il me payait fort cher. A la fin de la seconde année, mon patron, homme de plaisir et fort dépensier, se trouva dans une gêne considérable. Il était obligé de vendre sa charge. En ce moment (nous étions en 1816), les études n'avaient pas encore acquis la valeur exorbitante à laquelle elles sont montées aujourd'hui ; de sorte qu'en demandant soixante-dix mille francs de sa charge, mon patron la donnait presque. Un homme actif, instruit et intelligent, pouvait en deux années gagner cette somme, pour peu qu'il inspirât de confiance.

Je ne possédais pas une obole, et je ne connaissais dans le monde entier d'autre capitaliste que le père Gobseck. Une pensée ambitieuse et une lueur d'espoir me prêtèrent le courage d'aller trouver l'usurier.

Un soir donc, je cheminai lentement jusqu'à la rue des Grès. Le cœur me battit bien fortement quand je frappai à la sombre porte.

Je me souvenais de tout ce que m'avait dit autrefois le vieil avare, dans un temps où j'étais bien loin de soupçonner la violence des angoisses qui commençaient au seuil de cette porte.

J'allais donc le prier comme tant d'autres...

—Eh bien! non, me dis-je, un honnête homme doit garder partout sa dignité. La fortune ne vaut pas une lâcheté.

Depuis mon départ, le père Gobseck avait fait poser une petite chattière grillée au milieu de sa porte; et ce ne fut qu'après avoir reconnu ma figure qu'il m'ouvrit.

— Hé bien, me dit-il de sa petite voix flûtée, il paraît que votre patron vend son étude...

— Comment savez-vous cela? — Il n'en a encore parlé qu'à moi...

Les deux lèvres du vieillard se tirèrent vers les coins de sa bouche absolument comme des rideaux; puis ce sourire muet fut accompagné d'un regard profond et froid.

— Il fallait cela pour que je vous visse chez moi... ajouta-t-il d'un ton sec et après une pause pendant laquelle je demeurai confondu...

— Écoutez-moi, monsieur Gobseck, repris-je avec autant de calme que je pus en affecter, car le vieillard fixait sur moi des yeux impassibles et dont le feu clair me troublait.

Il fit un geste comme pour me dire: Parlez.

— Je sais qu'il est fort difficile de vous émouvoir; ainsi, je ne perdrai pas mon éloquence à essayer de vous peindre la situation d'un orphelin qui n'a pas un sou, qui n'espère qu'en vous, et n'a dans le monde d'autre cœur que le vôtre auquel il puisse confier les inquiétudes de son avenir. Tout cela est fort beau; mais les affaires se font comme des affaires, et non pas comme des romans, avec de la sensiblerie.

Voici le fait. L'étude de mon patron rapporte annuellement entre ses mains une trentaine de mille francs, je crois qu'entre les miennes elle en vaudra cinquante. — Il veut la vendre soixante-dix mille francs, et je sens là, dis-je en me frappant le front, que si vous pouviez me prêter la somme nécessaire à cette acquisition, je serais libéré en deux ans...

— Voilà parler!... s'écria doucement le père Gobseck.

Il me tendit la main et me la serra.

— Jamais, depuis que je suis dans les affaires, reprit-il, personne ne m'a déduit plus clairement les motifs de sa visite. — Des garanties?... dit-il en me toisant de la tête aux pieds. — Néant. — Quel âge avez-vous?..

— Ving-sept ans... répondis-je.

— Apportez-moi demain matin votre extrait de naissance, et nous parlerons de votre affaire. J'y songerai.

Le lendemain, à huit heures, j'étais chez le vieillard. Il prit le papier officiel, mit ses lunettes, toussa, cracha, s'enveloppa dans sa houppelande noire, et lut l'extrait des registres de la mairie tout entier; puis il le tourna, le retourna, me regarda, toussa, s'agita sur sa chaise, et enfin il me dit :

— C'est une affaire que nous allons tâcher d'arranger...

Je tressaillis...

— Je tire cinquante pour cent de mes fonds, reprit-il.

A ces mots, je pâlis.

— Mais, en faveur de notre connaissance, je me contenterai de douze et demi pour cent d'intérêt : cela vous va-t-il ?

— Oui, répondis-je.

— Mais si c'est trop, répliqua-t-il, défendez-vous ; moi, je vous demande douze et demi pour cent; mais voyez si vous pouvez les payer...... — Je n'aime pas un homme qui tope à tout. Est-ce trop ?

— Non, dis-je, je serai quitte pour prendre un peu plus de mal.

— Parbleu, ce sont vos cliens qui payeront cela !...

— Non, de par tous les diables !... m'écriai-je, ce sera moi !... Je me couperais la main plutôt que d'écorcher le monde...

— Bonsoir... me dit le père Gobseck.

— Mais les honoraires sont tarifés..... repris-je.

— Ils ne le sont pas, reprit-il, pour les transactions, les attermoiemens, les conciliations !.. Alors vous pouvez compter des mille francs, des dix mille francs même, suivant l'importance des intérêts, pour vos conférences, vos courses, vos projets d'actes, vos mémoires et votre verbiage. Il faut savoir rechercher ces sortes d'affaires. Je vous recommanderai comme le plus savant et le plus habile des avoués, et je vous enverrai tant de procès de ce genre-là, que vous ferez crever tous vos confrères de jalousie. Werbrust, Palma, Gigonnet, mes confrères, vous donneront leurs expropriations, et Dieu sait s'ils en ont !.. Alors vous aurez deux clientèles !.. celle que vous achetez et celle que je vous fais... Vous devriez presque me donner quinze pour cent de mes soixante-dix mille francs.

— Soit, dis-je.

Le père Gobseck se radoucit.

— Je payerai moi-même, reprit-il, la charge à votre patron, de manière à m'établir un privilége bien solide sur le prix et le cautionnement.

— Oh! tout ce que vous voudrez pour les garanties...

— Puis vous m'en représenterez la valeur en soixante-dix lettres de change acceptées en blanc, chacune pour une somme de mille francs.

— Pourvu que cette double valeur soit constatée....

— Non, s'écria Gobseck. Pourquoi voulez-vous que j'aie plus de confiance en vous que vous n'en avez en moi?...

Je gardai le silence.

— Et puis vous ferez, dit-il en continuant avec un ton de bonhomie, toutes mes affaires sans exiger d'honoraires, tant que je vivrai; n'est-ce pas?...

— Soit, pourvu qu'il n'y ait pas d'avances de fonds...

— C'est juste! dit-il. — Ah ça, reprit le vieillard dont la figure avait peine à prendre un air de bonhomie, vous me permettrez d'aller vous voir?...

— Vous me ferez toujours plaisir...

— Oui, mais le matin, cela serait bien difficile; vous aurez vos affaires, et j'ai les miennes...

— Venez le soir.

— Oh non !... répondit-il vivement, vous devez aller dans le monde, voir vos cliens; et moi, mes amis, à mon café.

— Eh bien, pourquoi ne pas prendre l'heure du dîner ?...

— C'est cela !... dit Gobseck. Après la Bourse, à cinq heures... Eh bien, vous me verrez tous les mercredis et les samedis. Nous causerons de nos affaires comme une couple d'amis... Ah ! ah ! je suis gai quelquefois, quand j'ai une aile de perdrix devant moi et un verre de vin de Champagne.

— Va pour la perdrix et le verre de vin de Champagne...

— Oh ! ne faites pas de folies, car vous perdriez ma confiance. Ne prenez pas un train de maison. Ayez une vieille bonne. Si je désire vous visiter, c'est pour m'assurer de votre santé, m'informer de vos affaires... Allons. — Venez ce soir avec votre patron.

— Pourriez-vous me dire, s'il n'y a pas d'indiscrétion à vous questionner? demandai-je au petit vieillard quand nous atteignîmes au seuil de la porte; qu'est-ce que mon extrait de baptême a fait à mon affaire ?...

M. Gobseck haussa les épaules, puis il sourit malicieusement en me répondant :

— Que la jeunesse est sotte !... Apprenez donc, monsieur l'avoué, qu'avant trente ans la probité et le talent sont encore des espèces d'hypothèques; mais que, passé cet âge, l'on ne peut plus guère compter sur un homme.

Et il ferma sa porte.

Un mois après j'étais avoué. Bientôt j'eus le bonheur, madame, de pouvoir entreprendre l'affaire concernant la restitution de vos propriétés. Le gain de ces procès me fit connaître, et en moins de deux ans je me trouvai, malgré les intérêts énormes que j'avais à payer à Gobseck, libre d'engagemens, et possesseur d'une honnête fortune. Ce fut alors que j'épousai Fanny Malvaut. Nous nous aimions sincèrement, et la conformité de nos destinées, de nos travaux, de nos succès, ajoutait je ne sais quoi de touchant à la pureté de nos sentimens.

Depuis ce jour, ma vie n'a été que bonheur et prospérité. Ne parlons donc plus de moi;

car il n'y a rien d'aussi insupportable qu'un homme heureux.

Un mois après l'acquisition de mon étude, je me trouvai entraîné, presque malgré moi, à un déjeûner de garçon. Ce repas était la suite d'une gageure qu'un de mes camarades avait perdue contre un jeune homme alors fort en vogue dans le monde élégant.

Ce fat jouissait d'une immense réputation. Il était la fleur du *dandysme* de ce temps-là. Nul ne portait mieux un habit, ne conduisait mieux un *tandem*. Toutes les femmes en raffolaient. Il se connaissait en chevaux, en chapeaux, en tableaux. Il dépensait près de cent mille francs par an, sans qu'on lui connût une seule propriété, un seul coupon de rente. Il avait le talent de jouer, de manger et de boire avec plus de grâce que qui que ce fût au monde.

C'était le type de la chevalerie errante de nos salons, de nos boudoirs, de nos boulevards; espèce amphibie qui tient autant de l'homme que de la femme. C'était un être singulier, bon à tout et propre à rien; craint et méprisé; sachant et ignorant tout; aussi près de commettre un bienfait que de résoudre un crime ; tantôt lâche et tantôt noble ; plutôt couvert de boue que taché de sang ; ayant plus de soucis que de remords ; plus occupé de bien digérer que de penser ; feignant des passions et ne ressentant rien ; anneau brillant qui pourrait unir le bagne à la haute société. C'était enfin un homme appartenant à cette classe éminemment intelligente d'où s'élancent parfois un Mirabeau, un Pitt, un Richelieu ; mais qui le plus souvent fournit des Jeffries, des Laubardemont et des Coignard.

J'avais beaucoup entendu parler de ce personnage, et j'avais évité déjà plusieurs fois le dangereux honneur de me rencontrer avec lui. Cependant mon camarade me fit de telles instances pour obtenir de moi d'aller à son déjeûner, que je ne pouvais m'en dispenser sans être taxé de *bégueulisme*.

Il vous serait difficile de concevoir un déjeûner de garçon. C'est d'abord une magnificence et une recherche rares en fait de service et de comestibles. C'est le luxe d'un avare qui, par vanité, devient fastueux pour un jour. En entrant on est surpris de l'ordre qui règne sur une table éblouissante d'argent, de cristaux, de linge damassé. Cette pompe est merveilleuse. La vie est là dans sa fleur. Les jeunes gens sont frais, gracieux. Ils sourient et parlent bas: ils ressemblent à de jeunes mariées, autour d'eux tout est vierge. Puis deux heures plus tard, c'est comme un champ de bataille après le combat. Partout des verres brisés, des serviettes foulées, chiffonnées; çà et là des mets entamés qui répugnent à voir; puis, ce sont des cris à fendre la tête, des toasts plaisans, un feu d'épigrammes et de mauvaises plaisanteries, des visages empourprés, des yeux enflammés qui ne disent plus rien, des confidences involontaires qui disent tout.

Au milieu d'un tapage infernal, les uns cassent des bouteilles, d'autres entonnent des chansons. L'on se porte des défis. Il s'élève un parfum détestable composé de cent odeurs et des cris composés de cent voix. On ne sait plus ce qu'on mange, ce qu'on boit, ni ce qu'on dit. Les uns sont tristes, les autres babillent; celui-ci est monomane et répète le même mot comme une cloche qu'on a mise en branle, et celui-là veut commander au tumulte; le plus sage propose une orgie. Si un homme de sang-froid entrait, il se croirait à une Bacchanale.

Ce fut au milieu d'un tumulte semblable et dont rien ne peut vous donner l'idée, que le chef de ce festin classique essaya de s'insinuer dans mes bonnes grâces. J'avais à peu près conservé ma raison et j'étais sur mes gardes. Quant à lui, quoiqu'il affectât d'être décemment ivre, il était plein de sang-froid et songeait à ses affaires. En effet, je ne sais comment cela se fit; mais en sortant des salons de Grignon, sur les neuf heures du soir, il m'avait entièrement ensorcelé, et je lui avais promis de l'amener chez M. Gobseck le lendemain.

Les mots: honneur, — vertu, — comtesse, — femme honnête, malheur, s'étaient placés, grâces à sa langue dorée, comme par magie, dans ses discours. Lorsque je me réveillai le lendemain matin, et que je voulus me souvenir de ce que j'avais fait la veille, j'eus beaucoup de peine à lier quelques idées.

Enfin, il me sembla que je ne sais quelle comtesse était en danger de perdre sa réputation, l'estime et l'amour de son mari, si elle ne trouvait pas une cinquantaine de mille francs dans la matinée. Il y avait des dettes de jeu, des mémoires de carrossier, de l'argent perdu à la loterie; et mon prestigieux convive m'avait assuré qu'elle était assez riche pour réparer par quelques années d'économie l'échec qu'elle allait faire à sa fortune.

Alors seulement je commençai à deviner la cause des instances de mon camarade; mais j'avoue, à ma honte, que je ne me doutais nullement de l'importance qu'il y avait pour mon séducteur à se raccommoder avec M. Gobseck.

Au moment où je me levais, le jeune *fashionable* entra.

— Monsieur le vicomte, lui dis-je après nous être adressé les complimens d'usage, je ne vois pas que vous ayez besoin de moi pour vous présenter chez M. Gobseck. C'est le plus poli, le plus anodin de tous les capitalistes. Il vous donnera de l'argent s'il en a, ou plutôt si vous lui présentez des garanties suffisantes...

— Monsieur, me répondit-il, il n'entre pas dans ma pensée de vous forcer à me rendre un service, quand même vous me l'auriez promis...

— Sardanapale! me dis-je en moi-même; laisserai-je croire à cet homme-là que je lui manque de parole?

— J'ai eu l'honneur de vous dire hier que je m'étais fort mal à propos brouillé avec le père Gobseck; et, comme il n'y a guère que lui à Paris qui puisse cracher en un moment, et le lendemain d'une fin de mois, une centaine de mille francs, je vous avais prié de faire ma paix avec lui..... Mais n'en parlons plus...

Il me regarda d'un air poliment insultant, et se disposait à s'en aller, quand je lui dis :

— Je suis prêt à vous conduire.

Lorsque nous arrivâmes rue des Grès, le jeune homme regardait autour de lui avec une attention et une inquiétude qui m'étonnèrent. Son visage devenait livide, rougissait et jaunissait tour à tour. Il était en proie à une angoisse horrible, car des gouttes de sueur parurent sur son front quand il aperçut la porte de la maison de M. Gobseck.

Au moment où nous descendîmes de tilbury, un fiacre entra dans la rue des Grès. L'œil de faucon du jeune homme lui permit de distinguer une femme au fond de cette voiture; et alors, une expression de joie presque sauvage anima sa figure. Il appela un petit garçon qui passait et lui donna son cheval à tenir.

Nous montâmes chez le vieil avare.

— Père Gobseck, lui dis-je, je vous amène un de mes plus intimes amis... dont je me défie autant que du diable... ajoutai-je à l'oreille du vieillard. A ma considération, vous lui rendrez vos bonnes grâces au taux ordinaire, et vous le tirerez de peine... si cela vous convient...

Le vicomte s'inclina devant l'usurier, s'assit, et prit pour l'écouter une de ces attitudes courtisanesques dont il est impossible de rendre la gracieuse bassesse.

Le père Gobseck était resté sur sa chaise, au coin de son feu, immobile, impassible. Il ressemblait à la statue de Voltaire vue le soir sous le péristyle du Théâtre-Français. Il souleva légèrement, comme pour saluer, la casquette grise tout usée dont il se couvrait le chef, et le peu de crâne jaune qu'il montra achevait sa ressemblance avec le marbre.

— Je n'ai d'argent que pour mes pratiques... dit l'usurier.

— Vous êtes donc bien fâché que j'aie été me ruiner ailleurs que chez vous? répondit le jeune homme en riant.

— Ruiner?... reprit le père Gobseck d'un ton d'ironie.

— Allez-vous dire que l'on ne peut pas ruiner un homme qui ne possède rien?... Mais je vous défie de trouver à Paris un plus beau *capital* que moi... s'écria le fashionable en se levant et tournant sur ses talons.

Cette bouffonnerie presque sérieuse n'eut pas le don d'émouvoir Gobseck.

— Ne suis-je pas la plus brillante des industries?

— Vrai.

— Vous faites de moi une éponge, mordieu! et vous m'encouragez à me gonfler au milieu du monde; mais vous êtes aussi des éponges, et la mort vous pressera!

— Possible.

— Sans les dissipateurs que deviendriez-vous? car nous sommes tous deux l'âme et le corps.

— Juste...

— Allons, une poignée de main, mon vieux Gobseck, et de la magnanimité... Si cela est vrai, juste et possible.

— Vous venez à moi, répondit froidement l'usurier, parce que Girard, Palma, Werbrust et Gigonnet ont le ventre plein de vos lettres de change. Ils les offrent partout, à cinquante pour cent de perte; mais comme ils n'ont probablement fourni que moitié de la valeur, elles ne valent pas vingt-cinq... Serviteur.

Puis-je décemment, dit Gobseck en continuant, prêter une seule obole à un homme qui doit trente mille francs, et ne possède pas un denier? D'autant que vous avez perdu dix mille francs, avant-hier, au bal, chez M. Laffitte.

— Monsieur, répondit le jeune homme avec une rare impudence, et en revenant vers le vieillard, mes affaires ne vous regardent pas. Qui a terme, ne doit rien.

— Vrai!

— Mes lettres de change seront acquittées.

— Possible!

— Et dans ce moment, la question entre nous se réduit à savoir si je vous présente des garanties suffisantes pour la somme que je viens vous emprunter...

— Juste.

Le bruit que faisait le fiacre en s'arrêtant à la porte retentit dans la chambre.

— Je vais aller chercher quelque chose qui vous satisfera peut-être, s'écria le jeune homme.

— O mon fils!... s'écria le père Gobseck en se levant et me tendant les bras, quand l'emprunteur eut disparu, tu me sauves la vie!... j'en serais mort. Werbrust et Gigonnet ont cru me faire une farce... Grâce à toi, je vais bien rire ce soir à leurs dépens!...

La joie du vieillard avait quelque chose d'effrayant.

Ce fut le seul moment d'expansion qu'il eut avec moi; mais, malgré la rapidité de cette joie, elle ne sortira jamais de mon souvenir.

— Faites-moi le plaisir de rester ici... ajouta-t-il, car, bien que je sois armé et que je sois sûr de mon coup, je me défie singulièrement de cet homme...

Il alla se rasseoir sur un fauteuil, devant son bureau. Sa figure redevint blême et calme.

— Oh! oh!... reprit-il en se tournant vers moi, vous allez sans doute voir un personnage dont je vous ai parlé jadis; car j'entends dans le corridor les pas d'une femme.

En effet, le jeune homme revint en donnant la main à une dame qui me parut avoir vingt-cinq à vingt-six ans. Elle était d'une beauté remarquable, et je n'eus pas de peine à reconnaître en elle cette comtesse dont Gobseck m'avait autrefois dépeint la détresse et le lever.

En entrant dans la chambre humide et sombre de l'usurier, elle jeta un regard de défiance sur le vicomte. Elle était si belle que, malgré ses fautes, je la plaignis. Elle souffrait intérieurement, et l'on voyait qu'une terrible angoisse agitait son cœur. Ses traits nobles et fiers avaient une expression convulsive.

Je crus deviner que ce jeune homme était devenu pour elle comme un mauvais génie. J'admirais le père Gobseck, qui, trois ans plus tôt, avait compris la destinée de ces deux êtres sur un seul mot, d'après un geste, une inflexion de voix.

— Probablement, me dis-je, il la gouverne par tous les ressorts possibles : la vanité, la jalousie, le plaisir, l'entraînement du monde. Les vertus mêmes de cette femme sont pour lui des armes : il lui fait verser des larmes de dévouement; il exalte en elle la générosité naturelle à son sexe, il abuse de sa tendresse, et il lui vend bien cher des plaisirs criminels.

— Je vous avoue, Camille, dit l'avoué en s'adressant à mademoiselle de Grandlieu, que si je ne pleurai pas sur le sort de cette malheureuse créature, si brillante aux yeux du monde et si épouvantable pour qui lisait dans son cœur, c'est que je frémissais d'horreur en contemplant son assassin, ce jeune homme dont le front était si pur, la bouche si fraîche, le sourire si gracieux, les dents si blanches, la peau douce, et qui ressemblait à un ange.

Ils étaient en ce moment tous deux devant leur juge, qui, sévère et froid, les examinait comme un vieux dominicain du XVI° siècle devait épier les tortures de deux Maures, au fond des souterrains du Saint-Office.

— Monsieur, dit-elle d'une voix tremblante,

existe-t-il un moyen d'obtenir le prix des diamans que voici?...

Elle lui tendit un écrin.

— En me réservant le droit de les racheter?...

— Oui, madame, répondis-je, c'est ce que nous appelons une vente à réméré... L'on cède et transporte une propriété mobilière ou immobilière pour un temps déterminé à l'expiration duquel on peut rentrer dans son bien, moyennant une somme fixée.

Elle respira plus facilement.

Le vicomte fronça le sourcil, car il se doutait bien que l'usurier donnerait alors une plus faible somme sur les diamans, valeur sujette à des hausses et des baisses très capricieuses.

Gobseck était immobile. Il avait saisi sa loupe et contemplait silencieusement l'écrin.

Je vivrais cent ans que je n'oublierais pas le merveilleux tableau que nous offrit sa figure. Ses joues pâles s'étaient colorées. Ses yeux brillaient d'un feu surnaturel. Il se leva, alla au jour, et tint les diamans près de sa bouche démeublée, comme s'il voulait les dévorer. Les scintillemens de cette admirable parure semblaient se répéter dans ses yeux. Il marmottait de vagues paroles. Il soulevait tour à tour les bracelets, les girandoles, les colliers, les diadèmes, et les présentait au jour pour en juger l'eau, la blancheur, la taille. Il les sortait de l'écrin, les y remettait, les y reprenait encore, les faisait jouer en leur demandant tous leurs feux, plus enfant que vieillard, ou plutôt enfant et vieillard tout ensemble.

— Beaux diamans! — Cela aurait valu trois cent mille francs avant la révolution. — Quelle eau! Beaux diamans! — En connaissez-vous le prix?... Non, non, il n'y a que Gobseck à Paris qui sache apprécier cela... Sous l'empire il aurait encore fallu plus de deux cent mille francs pour faire une parure semblable...

Il fit un geste de dégoût et ajouta :

— Maintenant le diamant perd tous les jours!... Le Brésil, l'Asie nous en accablent depuis la paix... On n'en porte plus qu'à la cour...

Mais, tout en lançant ces terribles paroles, il examinait avec une joie indicible les pierres l'une après l'autre.

Sans tache. — Voici une tache. — Voici une paille. — Beau diamant...

Et son visage blême était si bien illuminé par les feux de ces pierreries, que je le comparais à ces vieux miroirs verdâtres qu'on trouve dans les auberges de province, et qui donnent la figure d'un homme tombant en apoplexie au voyageur assez hardi pour s'y regarder.

— Eh bien ?... dit le vicomte en frappant sur l'épaule de Gobseck.

Le vieil enfant tressaillit. Il laissa ses hochets, les mit sur son bureau, s'assit, redevint usurier, et, comme une colonne de marbre, dur, froid et poli.

— Combien vous faut-il ?

— Cent mille francs, pour trois ans...

— Possible !

Puis il tira d'une boîte d'acajou des balances inestimables pour leur justesse, c'était son écrin. Il pesa les pierres, en évaluant à vue de pays (et Dieu sait comme !) le poids des montures. Pendant cette opération, la figure de Gobseck luttait entre la joie et la sévérité. Ce visage cadavéreux éclairé par ces pierreries avait je ne sais quoi d'horrible.

La comtesse était immobile et plongée dans une stupeur dont je lui tenais compte. Il me sembla qu'elle comprenait toute l'horreur du précipice vers lequel elle marchait. Il y avait encore des remords dans cette âme de femme ; et il ne fallait peut-être qu'un effort, une main charitablement tendue pour la sauver. — Je l'essayai.

— Ces diamans sont à vous, madame?... lui demandai-je d'une voix claire.

Elle frissonna.

— Oui, monsieur... répondit-elle en me lançant un regard d'orgueil.

— Voulez-vous faire le *réméré?* me dit Gobseck en se levant et me donnant sa place au bureau.

— Madame est sans doute mariée?... demandai-je.

Elle inclina vivement la tête.

— Je ne ferai pas l'acte!... m'écriai-je.

— Et pourquoi?... dit Gobseck.

— Pourquoi? repris-je en entraînant le vieillard dans l'embrasure de la fenêtre, et lui parlant à voix basse ; mais cette femme est en puissance de mari. La vente à réméré sera nulle, et vous ne pourriez pas exciper de votre ignorance des faits. Il serait constaté par l'acte que...

Gobseck m'interrompit par un signe de tête, et se tournant vers les deux coupables :

— Quatre-vingt mille francs comptant, et vous me laisserez les diamans!... leur dit-il d'une voix sourde et flûtée.

— Mais... répliqua le jeune homme.

— A prendre ou à laisser, reprit Gobseck, en remettant l'écrin à la comtesse.

Je me penchai vers elle, et lui dis à l'oreille :

— Vous feriez mieux de vous jeter aux pieds de votre mari!...

L'usurier comprit sans doute mes paroles au mouvement de mes lèvres, et il me jeta un regard qui avait quelque chose d'infernal.

La figure du jeune homme devint livide ; car l'hésitation de la comtesse était palpable. Il s'approcha d'elle, et quoiqu'il parlât très bas, j'entendis :

— Adieu, Emilie, sois heureuse ! Quant à moi, demain je n'aurai plus de soucis.

— Monsieur, s'écria la jeune femme en s'adressant à Gobseck, j'accepte vos offres.

— Allons donc!... répondit le vieillard, vous êtes bien difficile à confesser, ma belle dame.

Il signa un bon de cinquante mille francs tiré à vue sur la Banque, et le remit à la comtesse.

— Maintenant, dit-il avec un sourire qui ressemblait assez à celui de Voltaire, je vais vous compléter votre somme par trente mille francs de lettres de change dont vous ne me contesterez pas la bonté. C'est de l'or en barres.

Et il présenta des traites souscrites par le vicomte, et toutes protestées la veille à la requête de celui de ses confrères qui probablement les lui avait vendues à bas prix.

La figure du jeune homme devint aussi horrible à voir que celle d'un tigre. Il poussa un rugissement, et s'écria :

— Vieux coquin !...

Le père Gobseck ne sourcilla pas; mais il tira d'un carton une paire de pistolets, et dit froidement :

— En ma qualité d'insulté, je tirerai le premier...

— Vous devez des excuses à monsieur !... s'écria doucement la tremblante comtesse.

—Je n'ai pas eu l'intention de vous offenser... dit le jeune homme en balbutiant.

— Je le sais bien, répondit tranquillement Gobseck, vous n'aviez que l'intention de ne pas payer vos lettres de change.

La comtesse se leva, salua, et disparut, en proie sans doute à une profonde horreur. Le vicomte fut forcé de la suivre ; mais avant de sortir :

— S'il vous échappe une indiscrétion, messieurs, dit-il, j'aurai votre sang ou vous aurez le mien.

— Ainsi soit-il !... répond Gobseck en serrant ses pistolets.

Puis, quand la porte fut fermée et que les deux voitures partirent, il se leva et se mit à sauter de joie en répétant comme un aliéné :

— J'ai les diamans !... j'ai les diamans..... de beaux diamans !.. quels diamans... et pas cher... Ah ! ah ! Werbrust et Gigonnet, vous avez cru attraper le vieux Gobseck !... Ah ! c'est votre maître !... Comme ils seront sots, ce soir, quand je leur conterai cela, entre deux parties de dominos !

Cette joie sombre, cette férocité de sauvage,

excitées par la possession de quelques cailloux blancs, me firent tressaillir. J'étais muet et stupéfait.

— Ah! ah! te voilà, garçon. Nous dînerons ensemble; nous nous amuserons... chez toi, par exemple ; car je n'ai pas de ménage; et tous ces restaurateurs, avec leurs coulis, leurs sauces et leurs vins, empoisonneraient le diable.

L'expression de mon visage lui rendit subitement sa froide impassibilité.

— Vous ne concevez pas cela! me dit il en s'asseyant au coin de son feu.

Il mit son poêlon de ferblanc plein de lait sur le réchaud, et me dit :

— Voulez-vous déjeûner avec moi ? il y en aura peut-être assez pour deux.

— Merci, répondis-je, je ne déjeûne qu'à midi.

En ce moment des pas précipités retentirent dans le corridor, et l'inconnu qui survenait, s'arrêtant à la porte de M. Gobseck, frappa violemment. Ces coups avaient, pour ainsi dire, un caractère de fureur. L'usurier se leva, alla reconnaître par la chattière, et ouvrit.

Je vis entrer un homme de trente-cinq ans environ.

Il avait, passez-moi cette expression, la tournure aristocratique des hommes d'état de votre faubourg. Il était simplement vêtu et ressemblait un peu au feu duc de Richelieu. Sa figure, empreinte d'une mélancolie habituelle, témoignait en ce moment d'une irritation violente.

— Monsieur, dit-il, en s'adressant à Gobseck qui avait pris son attitude calme, ma femme sort d'ici?

— Possible.

— Eh bien! monsieur?

— Eh bien!

— Ne me comprenez-vous pas?...

— Je n'ai pas l'honneur de connaître madame votre épouse... répondit l'usurier. J'ai reçu beaucoup de monde ce matin: des femmes, des hommes..... et il me serait bien difficile de....

— Trève de stratagèmes, monsieur, je parle de la femme qui sort à l'instant de chez vous.

— Comment puis-je savoir si elle est votre

femme?... demanda l'usurier. Je n'ai jamais eu l'avantage de vous voir.

— Vous vous trompez, monsieur Gobseck, dit l'inconnu avec un profond accent d'ironie. Nous nous sommes rencontrés dans la chambre de ma femme, un matin. Vous veniez toucher un billet souscrit par elle, un billet qu'elle ne devait pas.

— Ce n'était pas mon affaire de rechercher de quelle manière elle en avait reçu la valeur... répliqua Gobseck, en lançant un regard malicieux au comte. — J'avais escompté l'effet à un de mes confrères... D'ailleurs, monsieur, dit le capitaliste sans s'émouvoir ni presser son débit, et en versant du café dans sa jatte de lait, vous me permettrez de vous faire observer qu'il ne m'est pas prouvé que vous ayez le droit de me faire des remontrances chez moi. Je suis majeur !

— Monsieur, vous venez d'acheter à vil prix des diamans qui n'appartenaient pas à ma femme. — Ce sont des diamans de famille.

— Sans me croire obligé de vous mettre dans le secret de mes affaires, je vous dirai, monsieur le comte, que si vos diamans vous ont été pris par madame la comtesse, vous auriez dû prévenir tous les joailliers de Paris par une circulaire, de ne pas les acheter, car elle a pu les vendre en détail.

— Monsieur! s'écria le comte, vous connaissiez ma femme...

— Juste!

— Elle est en puissance de mari.

— Possible!

— Elle n'avait pas le droit de disposer de ces diamans...

— Vrai.

— Eh bien! monsieur...

— Eh bien! monsieur, je connais votre femme, elle est en puissance de mari, mais — je ne connais pas vos diamans; et, comme madame la comtesse signe des lettres de change, elle peut faire le commerce, et acheter des diamans...

— Adieu, monsieur! s'écria le comte pâle de colère, il y a des tribunaux!...

— Juste!

— Monsieur que voici, ajouta-t-il en me montrant, a été témoin de la vente.

— Possible.

Le comte allait sortir, quand tout-à-coup, sentant l'importance de cette affaire, je m'interposai entre les parties belligérantes.

— Monsieur le comte, dis-je, vous avez raison, et M. Gobseck n'a aucun tort. Vous ne sauriez poursuivre l'acquéreur, sans intenter un procès à votre femme, et l'odieux de cette affaire ne retomberait pas sur elle seulement.

Je suis avoué, et je me dois à moi-même encore plus qu'au caractère dont je suis revêtu, de vous déclarer que les diamans dont vous parlez ont été achetés par M. Gosbeck en ma présence. Mais je crois que vous auriez tort de contester la légalité de cette vente. M. Gobseck est trop honnête homme pour nier qu'elle ait été effectuée à son profit ; surtout quand ma conscience et mon devoir me forcent à l'avouer... Intentassiez - vous un procès... monsieur le comte, l'issue en serait douteuse. Mais vous pouvez faire une transaction amiable avec M. Gobseck, et consentir à un réméré de sept à huit mois, d'un an même, laps de temps qui vous permettra de rendre la somme empruntée par madame la comtesse.

L'usurier trempait son pain dans la tasse de café et mangeait avec une parfaite indifférence ; cependant au mot de réméré et de transaction, il me regarda comme s'il disait :

— Le gaillard ! comme il profite de mes leçons.

De mon côté, je lui ripostai par une œillade qu'il comprit à merveille. En effet, l'affaire était fort douteuse, ignoble ; et il était urgent de transiger. J'aurais dit la vérité, et Gobseck n'aurait pas eu la ressource de la dénégation.

Le comte me remercia par un bienveillant sourire.

Après un débat dans lequel l'adresse et l'avidité de Gobseck auraient mis en défaut toute la diplomatie d'un congrès, je préparai un acte de réméré, par lequel le comte reconnut avoir reçu une somme de quatre-vingt dix mille francs, déduction faite des intérêts, et moyennant la reddition de laquelle M. Gobseck s'engageait à remettre les diamans au comte, dans un an, à compter de ce jour, faute de quoi, l'écrin appartiendrait à l'usurier.

— Quelle dilapidation !..... s'écria le mari

en signant. Comment jeter un pont sur cet abîme ?...

— Monsieur, dit gravement le père Gobseck, avez-vous beaucoup d'enfans ?...

Cette demande fit tressaillir le comte comme si, semblable à un savant médecin, l'usurier eût mis tout-à-coup le doigt sur le siége du mal.

Le mari ne répondit pas.

— Eh bien, reprit Gobseck, comprenant le douloureux silence du comte, je sais toute votre histoire par cœur. Cette femme est un démon : vous l'aimez malgré ses fautes ; je le crois bien, elle m'a ému... Mais vous voudriez sauver votre fortune, la réserver à un ou deux de vos enfans... Eh bien, jetez-vous dans le tourbillon du monde, jouez et perdez cette fortune, venez trouver souvent le père Gobseck, on dira que j'ai été votre ruine... je m'en moque... Puis, ayez un ami, si vous pouvez en rencontrer un auquel vous ferez une vente simulée de vos biens...

— N'appelez-vous pas cela un fidéi-commis ?... me demanda-t-il en se tournant vers moi.

Le comte parut entièrement absorbé dans ses pensées, et nous quitta en nous saluant.

— Ça m'a l'air d'être bête comme un honnête homme ! me dit froidement le père Gobseck quand le comte fut parti.

— Dites plutôt bête comme un homme passionné...

L'usurier hocha la tête.

— Le comte vous doit les frais de l'acte... s'écria-t-il en me voyant prendre congé de lui.

Quelque temps après cette scène qui m'avait initié aux terribles mystères de la vie d'une femme à la mode, je vis entrer le comte, un matin, dans mon cabinet. Il était fort triste, changé, vieilli.

— Monsieur, dit-il, je viens vous consulter sur des intérêts graves, en vous déclarant que j'ai en vous la confiance la plus entière, et j'espère vous en donner une grande preuve. Votre conduite envers madame de Grandlieu (vous voyez, madame, dit l'avoué à la vicomtesse, que j'ai mille fois reçu de vous le prix d'une action toute simple), — votre conduite est au-dessus de tout éloge.

Je m'inclinai respectueusement, et je répondis que je n'avais fait que remplir un devoir d'honnête homme.

— Eh bien! monsieur, j'ai pris beaucoup d'informations sur le singulier personnage auquel vous devez votre état. D'après tout ce que l'on m'en a dit, je crois que c'est un philosophe de l'école cynique. Mais que pensez-vous de sa probité?...

— Monsieur le comte, répondis-je, M. Gobseck est mon bienfaiteur... à quinze pour cent! ajoutai-je en riant. Mais son avarice ne m'autorise pas à le peindre ressemblant au profit d'un inconnu.

— Oh! parlez, monsieur! — Votre franchise ne peut nuire ni à M. Gobseck, ni à vous; car je ne m'attends pas à rencontrer un ange dans un prêteur.

— M. Gobseck, repris-je, est intimement convaincu d'un principe qui domine toute sa vie. Selon lui, l'argent est une marchandise que l'on peut, en toute sûreté de conscience, vendre cher ou bon marché, suivant sa rareté. Un capitaliste est à ses yeux un homme qui entre, par le fort denier qu'il réclame de son argent, comme associé dans les entreprises et les spéculations lucratives. A part ses principes financiers et ses observations philosophiques sur la nature humaine, qui lui permettent de se conduire en apparence comme un usurier, je suis intimement persuadé que, sorti de ses affaires, c'est l'homme le plus délicat et le plus probe qu'il y ait à Paris. Il y a deux hommes en lui : il est avare et philosophe, petit et grand. Si je mourais en laissant des enfans, il en serait le tuteur. Voilà, monsieur, sous quel aspect l'expérience m'a montré le père Gobseck. Je ne connais rien de sa vie passée. Il peut avoir été corsaire, il a peut-être traversé l'Asie, l'Amérique, en trafiquant des dimans ou des hommes ; mais je jure que c'est une âme éprouvée.

— Mon parti est irrévocablement pris, me dit le comte. Je vous prie d'avoir la complaisance de préparer les actes nécessaires pour transporter à M. Gobseck la propriété de tous mes biens... Je ne me fie qu'à vous, monsieur, pour la rédaction de la contre-lettre par laquelle M. Gobseck déclarera que cette vente est simulée, et prendra l'engagement de remettre toute ma fortune entre les mains de mon fils aîné, à l'époque de sa majorité. Maintenant, monsieur, je vous avouerai que je craindrais de garder cet acte précieux chez moi, et que l'attachement de mon fils pour sa mère me fait également redouter de lui confier cette contre-lettre. Oserai-je vous prier d'en être le dépositaire? En cas de mort, M. Gobseck m'a promis de vous instituer légataire de mes propriétés. Ainsi tout est prévu.

Le comte frissonna et parut très agité.

— Mille pardons, monsieur, me dit-il après une pause, je souffre beaucoup, et ma santé me donne les plus vives craintes. Des chagrins récens ont troublé ma vie d'une manière cruelle : ils nécessitent la grande mesure que je prends, et qui me fut conseillée par votre vieil ami.

— Monsieur, lui dis-je, permettez-moi de vous remercier d'abord de la confiance que vous avez en moi. Mais, par les mesures que vous voulez prendre, vous exhérédez complètement vos autres... enfans. Ils portent votre nom, et ne fussent-ils que les enfans d'une femme que vous auriez aimée, ils ont droit à une certaine existence. Je vous déclare que je n'accepte point la charge dont vous voulez bien m'honorer, si leur sort n'est pas fixé.

Ces paroles firent tressaillir violemment le comte. Quelques larmes lui vinrent aux yeux ; puis, il me serra la main en me disant :

— Je ne vous connaissais pas encore tout entier !... Vous venez de me causer autant de joie que de peine. Nous fixerons la part de ces enfans-là par les dispositions de la contre-lettre.

Il me quitta, et quand je le reconduisis jusqu'à la porte de mon étude, il me sembla que ses traits étaient épanouis.

— Eh bien ! mademoiselle Camille, quelles leçons cette histoire ne renferme-t-elle pas déjà pour les jeunes femmes qui s'embarquent si légèrement sur des abîmes, à la voix présomptueuse de la vanité, de l'orgueil, sur la foi d'un sourire, ou par folie, par étourderie? La Honte, le Remords et la Misère, sont trois Furies entre les mains desquelles elles doivent infailliblement tomber. Il suffit quelquefois d'une contredanse, d'un air chanté au piano, d'une partie de campagne, pour décider un effroyable malheur...

— Ma pauvre Camille a bien besoin de sommeil, dit la vicomtesse. Va, ma fille, va dormir, tes chers yeux se ferment. Son cœur n'a pas besoin de tableaux effrayans pour rester pur et vertueux, et le reste de votre histoire ne doit plus être raconté qu'à moi, vieille mère qui a presque des oreilles de garçon.

Mademoiselle Camille de Grandlieu comprit sa mère, et sortit.

— Vous avez été un peu trop loin, mon cher Émile, dit la vicomtesse.

— Mais les gazettes sont mille fois plus...

— Pauvre Émile! dit la vicomtesse en interrompant l'avoué, cela est bien de vous!... Est-ce que vous croyez que ma fille lit les journaux?...

— Continuez..... ajouta-t-elle après une pause.

LA MORT DU MARI.

Trois mois après la ratification des ventes consenties, par le comte, au profit de Gobseck...

— Vous pouvez nommer le comte de Restaud, puisque ma fille n'est plus là, dit la vicomtesse en interrompant le narrateur.

— Soit! reprit l'avoué. Eh bien! trois mois après, je n'avais pas encore reçu la contre-lettre qui devait me rester entre les mains.

Un jour que l'usurier dînait chez moi, je lui demandai, en sortant de table, s'il savait pourquoi je n'avais plus entendu parler de M. de Restaud.

— Il y a d'excellentes raisons pour cela, me répondit-il. Le gentilhomme est à la mort. C'est une âme tendre. Or, ceux qui ne connaissent pas la manière de tuer le chagrin, se laissent toujours tuer par lui. La vie est un travail, un métier, et il faut se donner la peine de l'apprendre. Quand un homme a su la vie à force d'en avoir éprouvé les douleurs, sa fibre acquiert une certaine souplesse, et il peut gouverner sa sensibilité.

Je laissai Gobseck faire de la morale à sa manière; et, prétextant une affaire pressante, nous sortîmes.

J'arrivai promptement rue du Helder. Je fus introduit dans un salon où la comtesse jouait avec un jeune garçon et une petite fille. En m'entendant annoncer, elle se leva par un mouvement brusque, vint à ma rencontre, et s'assit sans mot dire, en m'indiquant de la main un fauteuil vacant auprès du feu. Quand je la regardai, elle avait mis sur sa figure ce masque impénétrable sous lequel les femmes du monde savent si bien cacher leurs passions.

Elle était déjà bien changée. Les chagrins avaient fané ce visage dont il ne restait plus que les lignes merveilleuses qui en faisaient autrefois la beauté.

— Il est très essentiel, madame, que je puisse parler à M. le comte...

— Vous seriez donc plus favorisé que moi?... répondit-elle en m'interrompant. M. de Restaud ne veut voir personne. Il souffre à peine que son médecin vienne le voir. Il repousse même mes soins... Ces malades ont des fantaisies si bizarres!... Ce sont comme des enfans: ils ne savent ce qu'ils veulent...

— Peut-être savent-ils, comme les enfans, très bien ce qu'ils veulent...

La comtesse rougit.

Je me repentis presque d'avoir fait cette réplique digne de Gobseck.

— Mais, repris-je pour changer de conversation, il est impossible, madame, que M. de Restaud demeure perpétuellement seul.

— Il a son fis aîné près de lui, et n'agrée que les services de cet enfant-là.

J'eus beau regarder la comtesse, cette fois elle ne rougit plus; et il me parut qu'elle s'était affermie dans la résolution de ne pas me laisser pénétrer ses secrets.

— Vous devez comprendre, madame, que ma démarche n'est point indiscrète, repris-je. Elle est fondée sur des intérêts puissans...

Je me mordis les lèvres ; car je sentis que je m'embarquais dans une fausse route. Aussi la comtesse profita sur-le-champ de mon étourderie.

— Mes intérêts ne sont point séparés de ceux de mon mari, monsieur, dit-elle; et rien ne s'oppose à ce que vous vous adressiez à moi...

— L'affaire qui m'amène ne concerne que M. le comte!... répondis-je avec fermeté.

— Je le ferai prévenir, repliqua-t-elle, du désir que vous avez de le voir.

Le ton poli et l'air qu'elle prit pour prononcer cette phrase ne me trompèrent pas. Je devinai qu'elle ne me laisserait jamais parvenir auprès de son mari. Je causai pendant un moment de choses indifférentes, afin de pouvoir l'observer.

Il me sembla que depuis le jour où elle était venue vendre ses diamans à Gobseck, son mauvais génie avait achevé de la pousser dans l'abîme. Elle savait dissimuler avec cette rare perfection qui, chez les femmes, est le dernier degré de perfidie. Oserai-je le dire, j'attendais tout d'elle, et cette appréhension n'était fondée que sur ses gestes, ses regards, ses manières, le son de sa voix. Je la quittai.

Maintenant je vais vous raconter les scènes qui terminent cette aventure, en y joignant les circonstances que le temps m'a révélées, les détails que la perspicacité de Gobseck et la mienne m'ont fait deviner.

Du moment où le comte de Restaud parut se plonger dans un tourbillon de plaisirs, et vouloir dissiper sa fortune, il se passa entre les deux époux des scènes dont le secret a été impénétrable; mais elles permirent au comte de juger sa femme encore plus défavorablement qu'il ne l'avait fait jusqu'alors. Aussitôt qu'il tomba malade, et qu'il fut obligé de s'aliter, il manifesta une profonde horreur pour la comtesse et pour ses deux derniers enfans. Il leur interdit l'entrée de sa chambre; et quand ils essayèrent d'éluder cette consigne, leur désobéissance amena des crises si dangereuses pour M. de

Restaud, que le médecin conjura la comtesse de ne pas enfreindre les ordres de son mari.

Madame de Restaud ayant vu successivement les terres, les propriétés de la famille, et même l'hôtel où elle demeurait, passer entre les mains du terrible Gobseck, qui semblait réaliser, quant à leur fortune, le personnage fantastique d'un ogre, comprit sans doute les desseins de son mari.

Quoique le vicomte fût habile, il était cependant bien difficile qu'il pût apprendre à la comtesse les précautions secrètes que j'avais suggérées à M. de Restaud, de manière que les suppositions des deux complices durent être fautives. La comtesse croyait que son mari avait capitalisé toute sa fortune, et que le petit volume de billets qui la représentait était déposé, soit chez un notaire, soit à la Banque. Suivant ses calculs, M. de Restaud devait posséder nécessairement un acte quelconque pour donner à son fils aîné la facilité de recouvrer sa fortune. Alors, elle prit le parti d'établir autour de la chambre de son mari une surveillance exacte. Elle régna despotiquement dans sa maison, qui fut soumise à une espionnage de femme, c'est tout dire. Elle restait toute la journée assise dans le salon où elle m'avait reçu et qui attenait à la chambre de son mari. De là elle pouvait en entendre les moindres paroles et même les plus légers mouvemens. La nuit elle faisait tendre un lit dans cette pièce, et la plupart du temps elle ne dormait pas. Le médecin était entièrement dans ses intérêts. Ce dévouement parut admirable. Elle savait, avec cette finesse naturelle aux personnes perfides, déguiser la répugnance que M. de Restaud manifestait pour elle, et jouait la douleur en perfection. Elle obtint une sorte de célébrité. Quelques prudes trouvèrent même qu'elle rachetait ainsi ses fautes. Mais elle avait toujours devant les yeux la misère qui l'attendait à la mort du comte, si elle manquait de présence d'esprit pendant une seule minute. Ainsi cette femme, repoussée du lit de douleur où gémissait son mari, avait tracé un cercle magique autour de lui. Elle était là, loin de lui, et près de lui, disgraciée et toute-puissante, épouse dévouée en apparence, mais guettant la mort et la fortune, comme cet insecte des champs qui, au fond du précipice de sable qu'il a su arrondir en spirale, y attend son inévitable proie en écoutant chaque grain de poussière qui tombe.

Le censeur le plus sévère ne pouvait s'empêcher de reconnaître que la comtesse portait le sentiment de la maternité au plus haut degré. Elle était idolâtre de ses enfans et les élevait à merveille. Elle leur avait entièrement dérobé le tableau de ses désordres, et leur âge la servit à merveille en ce point. Elle en était aimée autant qu'elle pouvait le souhaiter. J'avouerai même que je ne puis me défendre d'un sentiment honorable pour elle, et dont Gobseck me plaisante encore. Je crois fermement qu'à cette époque la comtesse avait reconnu toute la bassesse du vicomte, et qu'elle avait déjà expié par des larmes de sang les fautes de sa vie passée.

Alors, quelque odieuses que fussent les mesures qu'elle prenait pour reconquérir la fortune de son mari, elles lui étaient dictées par son amour maternel et le désir de réparer ses torts envers eux. Comme toutes les femmes qui ont subi les orages d'une passion, elle sentait le besoin de redevenir vertueuse, et peut-être ne connaissait-elle bien le prix de la vertu qu'au moment où elle allait recueillir la triste moisson semée par le crime. Chaque fois que le jeune Ernest sortait de chez son père, il subissait un interrogatoire de la dernière sévérité, sur tout ce que le comte avait fait et dit. L'enfant se prêtait complaisamment aux désirs de sa mère; et avec la naïveté de la jeunesse, les attribuant à un tendre sentiment, il allait au devant de toutes les questions.

Ma visite fut un trait de lumière pour la comtesse. Elle voulut voir en moi le ministre des vengeances de son mari. Elle décréta dans sa sagesse de ne pas me laisser approcher du moribond.

J'avoue que, mû par un pressentiment sinistre, je désirais vivement me procurer un entretien avec le comte. Je n'étais pas sans inquiétude sur la destinée des contre-lettres. Si elles tombaient entre les mains de la comtesse, et qu'elle voulût les faire valoir, il se serait élevé des procès interminables entre elle et Gobseck; car je connaissais assez l'usurier pour savoir qu'il ne restituerait jamais les biens à la comtesse, et il y avait de nombreux élémens de chicane dans la contexture de ces titres dont l'action ne pouvait être exercée que par moi.

Alors, pour prévenir tant de malheurs, j'allai une seconde fois chez la comtesse.

— J'ai remarqué, madame, dit l'avoué à la vicomtesse de Grandlieu et en prenant le ton calculé d'une confidence, qu'il existe certains phénomènes moraux auxquels nous ne faisons pas assez attention dans le monde. Naturellement observateur, j'ai porté dans les affaires d'intérêt que je traite et où les passions sont si vivement mises en jeu, un esprit d'analyse psychologique involontaire. Or j'ai toujours admiré avec une surprise nouvelle que les intentions secrètes et les idées que portent en eux deux adversaires, sont presque toujours réciproquement devinées par eux. Il y a parfois entre deux ennemis la même lucidité de raison, la même puissance de vue intellectuelle qu'entre deux amans qui lisent dans l'âme l'un de l'autre.

Ainsi quand nous fûmes tous deux en présence, la comtesse et moi, je compris tout-à-coup la cause de l'antipathie quelle avait pour moi, bien qu'elle déguisât ses sentimens sous les formes les plus gracieuses de la politesse et de l'aménité. Quant à elle, elle devina subitement que j'étais l'homme en qui son mari plaçait sa confiance et qu'il ne m'avait pas encore remis sa fortune. Notre conversation, dont je vous fais grâce, est restée dans mon souvenir comme une des luttes les plus dangereuses que j'aie eues à subir. La comtesse avait un esprit d'une supériorité inimaginable. Elle était douée par la nature de toutes les qualités nécessaires pour séduire. Elle m'enlaça, m'enveloppa, se montrant tour à tour, souple, fière, caressante, confiante; elle alla même jusqu'à tenter d'allumer ma curiosité, d'éveiller l'amour dans mon cœur. Elle échoua; mais ce fut une rude épreuve. Quand je pris congé d'elle, je surpris dans ses yeux une expression de haine et de fureur qui me fit trembler. Nous nous séparâmes ennemis. Elle m'aurait vu, je crois, mettre en pièces ou tirer à quatre chevaux avec délices; tandis que je ne me sentais que de la pitié pour elle. Ce sentiment perça dans les dernières considérations que je lui présentai, et je lui laissai, je crois, une profonde terreur dans l'âme ; car je lui déclarai que, de telle manière qu'elle pût s'y prendre, elle serait nécessairement ruinée.

— Si je voyais M. le comte, au moins le bien de vos enfans...

— Je serais à votre merci!... dit-elle avec un geste de dégoût.

Une fois les questions posées entre nous d'une manière aussi franche, je résolus de sauver, sans le concours de personne, cette famille de la misère qui l'attendait. Déterminé à commettre des illégalités judiciaires, si elles étaient nécessaires pour parvenir à mon but, voici quels furent mes préparatifs. Je fis poursuivre M. le comte de Restaud pour une somme due fictivement à Gobseck, et j'obtins des condamnations.

La comtesse cacha nécessairement cette procédure, mais j'avais ainsi le droit de faire apposer les scellés à la mort du comte. Alors je corrompis un des gens de la maison, et j'obtins de lui la promesse qu'au moment même où le comte serait sur le point d'expirer, il viendrait me prévenir, fût-ce la nuit. J'étais déterminé à intervenir tout-à-coup, à effrayer la comtesse en la menaçant d'une subite apposition de scellés, et à sauver ainsi les contre-lettres.

J'appris plus tard que cette femme étudiait le code en entendant les plaintes de son mari mourant!... Quels effroyables tableaux ne présenteraient pas les âmes de ceux qui environnent les lits funèbres si l'on pouvait en peindre les idées! Et toujours la fortune est le mobile des intrigues qui s'élaborent, des plans qui se forment, des trames qui s'ourdissent!

Laissons maintenant de côté ces détails assez fastidieux de leur nature, mais qui ont pu vous donner la clef de bien des douleurs.

Depuis deux mois le comte de Restaud, résigné à son sort, était resté couché, seul, dans sa chambre. Une maladie mortelle avait lentement affaibli son corps et même son esprit. Il était plongé dans une noire mélancolie. En proie à ces fantaisies de malade dont la bizarrerie semble inexplicable, il s'opposait à ce qu'on appropriât son appartement, se refusant même à ce qu'on fît son lit. Cette extrême apathie s'était empreinte à la longue dans tout ce qui l'entourait : les meubles de sa chambre restaient en désordre ; tout y était couvert de poussière et de toiles d'araignées. Riche et recherché dans ses goûts, il se complaisait dans le triste spectacle que lui offrait cette pièce. Table, commode, secrétaire, chaises étaient encombrés des objets que nécessite une maladie. Il y avait autour de lui des fioles vides ou pleines, presque toutes sales; du linge épars, des assiettes brisées, une bassinoire ouverte devant le feu, une baignoire. C'était un chaos disgracieux. Le sentiment de la destruction se lisait en tout. La mort était dans les choses avant d'envahir la personne, et cette chambre ressemblait à un cimetière jonché d'os. Le comte ayant horreur du jour, les persiennes des fenêtres étaient fermées, et l'obscurité ajoutait encore à la sombre physionomie de ce triste lieu. Le malade avait considérablement maigri. Ses yeux étaient restés brillans, mais la vie semblait s'y être réfugiée. La blancheur livide de son visage avait quelque chose d'horrible à voir, surtout par suite de la longueur extraordinaire de ses cheveux qu'il n'avait jamais voulu laisser couper. Ils descendaient en longues mèches plates le long de ses joues et le faisaient ressembler à ces fanatiques, jadis habitans du désert. Il n'avait que trente-sept ans, et naguère il était jeune, brillant, heureux, élégant. Le chagrin éteignait en lui tous les sentimens humains.

Au commencement du mois de décembre 1819, un matin, il regarda son fils Ernest qui était assis au pied de son lit, et le contemplait douloureusement.

— Souffrez-vous plus?... lui avait demandé l'enfant.

— Non! dit-il avec un effrayant sourire, tout est *ici* et *autour du cœur!*

Et après avoir montré sa tête, il pressa ses doigts décharnés sur sa poitrine creuse, par un geste qui fit pleurer Ernest.

— Pourquoi donc ne vois-je pas venir monsieur.... (c'était de moi dont il parlait), demanda-t-il à son valet de chambre qui entra.

Ce valet de chambre, qu'il croyait lui être très attaché, était tout-à-fait dans les intérêts de la comtesse.

— Comment, Joseph! s'écria le moribond qui se mit sur son séant et parut avoir recouvré toute sa présence d'esprit; voici sept ou huit fois que je vous envoie chez mon avoué, depuis quinze jours, et il n'est pas venu? Croyez-vous que l'on puisse se jouer de moi?

Allez le chercher sur-le-champ, à l'instant, et ramenez-le... Si vous n'exécutez pas mes ordres, je me lèverai moi-même et j'irai...

— Madame, dit le valet de chambre en sortant, vous avez entendu monsieur le comte? que dois-je faire?

— Vous feindrez d'aller chez l'avoué, et vous reviendrez dire à monsieur que son homme d'affaires est allé à quarante lieues d'ici pour un procès important. Vous ajouterez qu'on l'attend à la fin de la semaine... Comme les malades s'abusent toujours sur leur sort, pensa la comtesse, il croira pouvoir remettre sa confidence au retour de cet homme.

Le médecin avait déclaré la veille qu'il était difficile que le comte passât la journée.

Quand le valet de chambre vint deux heures après faire à son maître cette réponse désespérante, le moribond parut très agité.

— Mon Dieu! mon Dieu! répéta-t-il à plusieurs reprises, je n'ai confiance qu'en vous!...

Il regarda son fils pendant long-temps; et enfin il lui dit d'une voix affaiblie:

— Ernest, mon enfant, tu es bien jeune;

mais tu as bon cœur et tu comprends sans doute toute la sainteté d'une promesse faite à un mourant, à un père... Te sens-tu capable de garder un secret, de l'ensevelir en toi-même de manière à ce que ta mère elle-même ne s'en doute pas?... Aujourd'hui, mon fils, il ne reste que toi dans cette maison à qui je puisse me fier. Tu ne trahiras pas ma confiance?...

— Non, mon père.

— Eh bien! Ernest, je te remettrai, dans quelques momens, un paquet cacheté. Il appartient à M. M... Tu le conserveras de manière à ce que personne ne sache que tu le possèdes; tu t'échapperas de l'hôtel et tu le jetteras à la petite poste qui est au bout de la rue...

— Oui, mon père.

— Je puis compter sur toi?...

— Oui, mon père.

— Viens m'embrasser. Tu me rends ainsi la mort moins amère, mon cher enfant; et dans dix ou douze années tu comprendras toute l'importance de ce secret; alors, tu seras bien récompensé de ton adresse et de ta fidélité, alors tu sauras combien je t'aime... Laisse-moi seul un moment, et empêche qui que ce soit d'entrer ici.

Ernest sortit, et vit sa mère debout dans le salon.

— Ernest, lui dit-elle, viens ici.

Elle s'assit auprès du feu, mit son fils entre ses deux genoux, et le pressant avec force, elle l'embrassa.

— Ernest, ton père vient de te parler...

— Oui, maman.

— Que t'a-t-il dit ?

— Je ne puis pas le répéter, maman.

— Oh! mon cher enfant, s'écria la comtesse en l'embrassant avec enthousiasme, que ta discrétion me fait plaisir !... Ne jamais mentir et rester fidèle à sa parole, sont deux principes qu'il ne faut jamais oublier.

— Oh! que tu es belle, maman! Tu n'as jamais menti, toi !... j'en suis bien sûr !...

— Si, mon cher Ernest, j'ai menti, et j'ai manqué à ma parole; mais il est des circonstances devant lesquelles cèdent toutes les lois. Écoute, mon petit Ernest, tu es assez grand, assez raisonnable pour t'apercevoir que ton père me repousse, ne veut pas de mes soins... et tu sais combien je l'aime. Cela n'est pas naturel...

—Non, maman.

—Eh bien! mon pauvre enfant, dit la comtesse en pleurant, ce malheur-là est le résultat d'insinuations perfides. De méchantes gens ont cherché à me séparer de ton père, dans le but de satisfaire leur avidité. Ils veulent nous priver de notre fortune et se l'approprier. Si ton père était bien portant, la division qui existe entre nous cesserait bientôt, car il m'écouterait; et, comme il est bien bon et bien aimant, il reconnaîtrait mon innocence... Mais sa raison s'est un peu altérée, et les préventions qu'il avait contre moi sont devenues une idée fixe, une espèce de folie. C'est un effet de sa maladie... La prédilection que ton père a pour toi est une nouvelle preuve du dérangement de ses facultés ; car tu ne t'es jamais aperçu qu'avant sa maladie il aimât moins Pauline et Georges que toi. Tout est caprice chez lui. Or, par suite de la tendresse qu'il a pour toi, il pourrait te donner des commissions secrètes à faire, des ordres à exécuter... Si tu ne veux pas ruiner ta famille, mon cher ange, et ne pas voir ta mère mendier son pain un jour comme une pauvresse des rues, il faut tout lui dire...

— Ah! ah!... s'écria le comte, qui, ayant ouvert la porte, se montra tout-à-coup presque nu, et déjà aussi sec, aussi décharné qu'un squelette.

Ce cri sourd produisit un effet terrible sur la comtesse.

Elle resta immobile et comme frappée de stupeur ; car son mari était si frêle et si pâle, qu'il semblait sortir d'une tombe, et que ce fût une apparition.

— Vous avez abreuvé ma vie de chagrins... Voulez-vous donc troubler ma mort?... cria-t-il d'une voix rauque.

La comtesse alla se jeter au pied de ce mourant que les dernières émotions de la vie rendaient presque hideux. Elle versa un torrent de larmes.

— Grâce! grâce!... s'écria-t-elle.

— Avez-vous eu de la pitié pour moi?... demanda-t-il.

— Eh bien! oui, pas de pitié pour moi!... Soyez inflexible!... dit-elle, mais les enfans!...

Condamnez-moi à vivre dans un couvent, j'obéirai; je ferai, pour expier mes fautes envers vous, tout ce qu'il vous plaira de m'ordonner; mais que les enfans soient heureux!... Oh! les enfans!... les enfans!...

— Je n'ai qu'un enfant!... répondit le comte en tendant, par un geste désespéré, un bras décharné vers son fils.

—Dieu!... pardon!... repentir... repentir!... criait la comtesse en embrassant les pieds humides de son mari; car les sanglots l'empêchaient de parler, et des mots vagues, incohérens, sortaient de son gosier brûlant.

— Que disiez-vous donc à Ernest?... Beau repentir!...

A ces mots le moribond renversa la comtesse en agitant le pied.

— Vous me glacez!... dit-il avec une indifférence qui eut quelque chose d'effrayant.

La malheureuse femme tomba évanouie.

Le mourant regagna son lit, s'y coucha, et quelques heures après il avait perdu connaissance. Les prêtres vinrent lui administrer les sacremens. Il était minuit quand il expira. La scène du matin avait épuisé le reste de ses forces et de sa sensibilité.

J'arrivai à minuit précis avec le père Gobseck.

Nous nous introduisîmes, grâces au désordre qui régnait, jusque dans le petit salon qui précédait la chambre mortuaire.

Nous y trouvâmes les trois enfans en pleurs, et deux prêtres qui devaient passer la nuit près du corps.

Ernest vint à moi et me dit que sa mère voulait être seule dans la chambre du comte.

— N'y entrez pas, dit-il avec une expression admirable dans l'accent et le geste, elle y prie!...

Gobseck se mit à rire, de ce rire muet qui lui était particulier; mais moi, j'étais trop ému par le sentiment qui éclatait sur la jeune figure d'Ernest, pour partager son ironie.

Quand l'enfant vit que nous marchions vers la porte, il alla s'y coller et cria :

— Maman, voilà des messieurs noirs qui te cherchent!...

Le père Gobseck enleva l'enfant comme si c'eût été une plume, et ouvrit la porte.

Quel spectacle s'offrit à nos regards !

Depuis dix minutes que le comte était expiré, sa femme avait forcé tous les tiroirs et le secrétaire; les tables étaient ouvertes, et il régnait dans cette chambre un affreux désordre. La comtesse était presque échevelée, les yeux étincelans, au milieu de papiers, de chiffons, de hardes. Le tapis était couvert de débris autour d'elle, et ils s'élevaient à près de deux pieds. Quelques meubles, quelques portefeuilles avaient été brisés. Il n'y avait rien qui ne portât l'empreinte de ses mains hardies et spoliatrices. C'était une confusion horrible à voir en présence de ce mort.

Il paraît que, d'abord, ses recherches avaient été vaines; mais son attitude et son agitation me firent supposer qu'elle avait fini par découvrir les mystérieux papiers.

Je jetai un coup-d'œil sur le lit; et, avec l'instinct que nous donne l'habitude des affaires, je devinai ce qui s'était passé.

Le cadavre du comte se trouvait dans la ruelle du lit, presque en travers, le nez tourné vers les matelas, et jeté avec le même dédain qu'une des enveloppes de papier qui étaient à terre. Ses membres raidis et inflexibles lui donnaient quelque chose de grotesquement horrible. Cela faisait frémir.

Le mourant avait sans doute caché la contre-lettre sous son oreiller, comme pour la préserver de toute atteinte jusqu'à sa mort; et sa femme avait peut-être, dans sa rage, deviné la pensée du comte. Au surplus, ce sentiment semblait être écrit dans son dernier geste, dans la convulsion de ses doigts crochus. L'oreiller avait été jeté en bas du lit, et le pied de la comtesse y était encore imprimé.

Elle nous regardait avec des yeux hagards, et, debout, immobile, elle attendait nos premiers mots en haletant.

A ses pieds, et devant elle, je vis une enveloppe qui avait dû être cachetée en plusieurs endroits. Remarquant les armes du comte, je la ramassai vivement, et j'y lus une suscription indiquant que le contenu devait m'en être remis.

Je regardai la comtesse fixement et avec la sévérité perspicace d'un juge interrogeant un coupable.

La flamme du foyer dévorait les restes des

papiers. Il paraît qu'en nous entendant venir la comtesse les y avait lancés. Elle venait sans doute de s'en saisir ; et la manière dont la contre-lettre était pliée ne lui ayant probablement permis de n'y lire que les dispositions faites par le comte pour ses deux derniers enfans, elle avait cru, dans son égarement, anéantir un testament qui les privait de leur fortune. Une conscience bourrelée et l'effroi involontaire qu'un crime inspire à ceux qui le commettent, lui avaient ôté l'usage de la réflexion. Elle se voyait surprise ; elle voyait peut-être l'échafaud et le fer rouge du bourreau.

— Ah! madame, dis-je en retirant de la cheminée un fragment que le feu n'avait pas atteint, vous avez ruiné vos enfans !... Ces papiers étaient des titres de propriété...

Sa bouche se remua, comme si elle allait avoir une attaque de paralysie ; elle frissonna, et me regarda d'un air hébété.

— Hé! hé! s'écria Gobseck.

Cette exclamation de l'usurier nous fit l'effet du grincement produit par un flambeau de cuivre quand on le pousse sur un marbre.

Après une pause, le vieillard me dit d'un ton calme :

— Est-ce que vous voudriez faire croire à madame la comtesse que je ne suis pas légitimement propriétaire des biens que m'a vendus M. le comte ? Mais cette maison m'appartient même depuis une heure !...

Un coup de massue appliqué soudain sur ma tête m'aurait causé moins de douleur et de surprise.

La comtesse remarqua mon effroi, et le regard d'indignation que je jetai sur l'usurier.

— Monsieur, lui dit-elle, monsieur...

Elle ne trouva pas d'autres paroles.

— Vous avez un fidéi-commis ?... lui demandai-je.

— Possible.

— Abuseriez-vous donc du crime commis par madame ?

— Juste.

Je sortis, laissant la comtesse assise auprès du lit de son mari, et pleurant à chaudes larmes.

Le père Gobseck me suivit. Quand nous nous trouvâmes dans la rue, je me séparai de lui; mais il vint à moi, et me lança un de ces regards profonds par lesquels il sonde les cœurs.

— Tu te mêles de juger ton bienfaiteur !..... me dit-il.

Depuis ce temps-là, nous nous sommes peu vus. Le père Gobseck habite l'hôtel du comte, il va passer les étés dans les terres, fait le seigneur, construit les fermes, répare les moulins, les chemins, et plante des arbres. Il a renoncé à son métier d'usurier, et il a été nommé député. Il veut être nommé baron, et désire la croix. Il ne va plus qu'en voiture.

Un jour je le rencontrai au Tuileries.

— La comtesse mène une vie héroïque, lui dis-je; elle s'est consacrée à l'éducation de ses enfans; elle les a parfaitement élevés. L'aîné est un charmant sujet...

— Ah! ah! dit-il, la pauvre femme s'en est donc tirée?... J'en suis bien aise. — Il jura. — Elle était belle!

— Mais, repris-je, ne devriez-vous pas aider...?

— Aider Ernest!... s'écria Gobseck. Non, non, il faut qu'il s'épure et se forme dans l'infortune... Le malheur est notre plus grand maître. Il manquera toujours quelque chose à la bonté de celui qui n'a pas connu la peine...

Je le quittai désespéré.

Enfin il y a huit jours, je l'ai été voir; je l'ai instruit de l'amour d'Ernest pour mademoiselle Camille, en le pressant d'accomplir son mandat, puisque le jeune comte est majeur....

Il me demanda quinze jours pour me donner une réponse. Hier, il m'a dit que cette alliance lui convenait, et que le jour où elle aurait lieu il constituerait à Ernest un majorat de cent mille livres de rente... Mais que de choses j'ai apprises sur Gobseck!... C'est un homme qui s'était amusé à faire de la vertu, comme il faisait jadis l'usure, avec une perspicacité, un tact, une sécurité de jugement inimaginables. Il méprise les hommes parce qu'il lit dans leurs âmes comme dans un livre, et se plaît à leur verser le bien et le mal tour à tour. C'est un dieu, c'est un démon; mais plus souvent démon que dieu.

Autrefois, je voyais en lui le pouvoir de l'or personnifié..... Eh bien, maintenant, il est pour moi comme une image fantastique du DESTIN.

— Pourquoi vous êtes-vous donc tant intéressé à moi et à Ernest? lui dis-je hier.

— Parce que vous et son père êtes les seuls hommes qui se soient jamais fiés à moi.

— Eh bien, dit la vicomtesse, nous ferons nommer Gobseck baron, et nous verrons!..

— C'est tout vu! s'écria le vieux marquis en interrompant sa sœur pour faire croire qu'il n'avait pas dormi, et qu'il était au fait de l'histoire. C'est tout vu!...

SCÈNE III.

LE BAL DE SCEAUX.

LE BAL DE SCEAUX.

Monsieur le comte de Fontaine, chef de l'une des plus anciennes familles du Poitou, avait servi la cause des Bourbons avec intelligence et courage pendant les longues guerres que les Vendéens firent à la république. Ayant eu assez de bonheur pour échapper aux proscriptions, aux dangers de cette époque orageuse et salutaire de l'histoire contemporaine, il disait gaiement qu'il faisait partie de ceux qui s'étaient tous fait tuer sur les marches du trône, car il avait été laissé parmi les morts à la sanglante journée des Quatre-Chemins.

Quoique ruiné par des confiscations, ce fidèle Vendéen refusa constamment de remplir les places lucratives qui lui furent offertes par l'empereur Napoléon. Invariable dans sa religion aristocratique, il en avait aveuglément suivi les maximes, quand il jugea convenable de se choisir une compagne. Au mépris des séductions dont l'entourait la famille d'un riche parvenu de la révolution, l'ex-comte épousa une jeune fille sans fortune, mais qui appartenait à la meilleure maison de la province.

La restauration surprit M. de Fontaine chargé d'une nombreuse famille. Quoiqu'il n'entrât pas alors dans les idées du généreux gentilhomme de solliciter des grâces, il céda néanmoins aux désirs de sa femme, quitta la petite terre dont le revenu modique suffisait à peine aux besoins de ses enfans, et vint à Paris.

Contristé de l'avidité avec laquelle ses anciens camarades convoitaient la curée des places, des richesses et des nouvelles dignités de l'empire, il allait retourner à sa terre, lorsqu'il reçut une lettre ministérielle, par laquelle une excellence assez connue lui annonçait sa nomination au grade de maréchal-de-camp, en vertu de l'ordonnance qui permettait aux officiers des armées catholiques de compter les vingt premières années du règne du Louis XVIII comme années de service. Puis, quelques jours après, le Vendéen reçut, sans aucune sollicitation, et d'office, l'ordre de la Légion-d'Honneur et celui de Saint-Louis.

Ébranlé dans sa résolution par ces grâces successives, dont il se croyait redevable au souvenir du roi, il pensa qu'il ne devait plus se contenter de mener sa famille, comme il l'avait pieusement fait chaque dimanche, crier vive le Roi dans la salle des maréchaux, au passage des princes, quand ils se rendaient à la chapelle : il sollicita la faveur d'une entrevue particulière.

Cette audience lui fut gracieusement accordée, mais il se trouva que sa visite n'eut rien de particulier; car le salon royal était presque plein de vieux serviteurs dont les têtes poudrées, vues d'une certaine hauteur, ressemblaient, par leur agglomération, à un tapis de neige. Il retrouva beaucoup d'anciens compagnons, qui le reçurent d'un air un peu froid, mais les princes lui parurent *adorables*.

Cette expression d'enthousiasme échappa au gentilhomme, quand le plus gracieux de ses maîtres, dont il n'était connu que de nom, ayant été à lui, lui serra la main, et le proclama à haute voix : le plus pur des Vendéens. Mais il ne vint à l'idée d'aucun de ceux dont il était entouré de lui demander ni le compte des pertes qu'il avait subies, ni celui de l'argent qu'il avait versé dans les caisses de l'armée catholique; et il s'aperçut, un peu tard, qu'il avait fait la guerre à ses dépens.

Aussi, à la fin de la soirée, il hasarda une allusion fort spirituelle à l'état de ses affaires, état qui devait être celui de bien des gentilshommes ; le roi se prit à rire d'assez bon cœur, car tout ce qui était marqué au coin de l'esprit avait le don de lui plaire ; mais il répliqua par une de ces royales plaisanteries dont la douceur est plus à craindre, que la colère d'une réprimande.

Un des plus intimes confidens du roi ne

tarda pas à s'approcher du Vendéen calculateur; et, par une phrase fine et polie, il fit entendre à M. de Fontaine que le moment n'était pas encore venu de compter avec les maîtres; qu'il y avait sur le tapis des mémoires plus arriérés que le sien, et qui devaient sans doute servir à l'histoire de la révolution.

Le comte sortit prudemment du groupe vénérable qui décrivait un respectueux demi-cercle devant l'auguste famille; et, après avoir, non sans peine, dégagé son épée du sein de la petite forêt de jambes grêles où elle était engagée, il regagna pédestrement, à travers la cour des Tuileries, le modeste fiacre qu'il avait laissé en station sur le quai. Puis, avec cet esprit rétif qui distingue la noblesse de vieille roche, chez laquelle le souvenir de la Ligue et des Barricades n'est pas encore éteint, il se plaignit dans le fiacre, à haute voix et de manière à se compromettre, sur le changement survenu à la cour.

— Autrefois, disait-il, chacun parlait librement au roi de ses petites affaires, et tous les seigneurs pouvaient à leur aise lui demander des grâces et de l'argent. Ne voilà-t-il pas qu'aujourd'hui l'on n'obtiendra pas, sans scandale, de se faire rembourser les sommes avancées pour son service ! Morbleu ! la croix de Saint-Louis et le grade de maréchal-de-camp ne valent pas six cent mille livres ; et je les ai certes bien dépensées pour la cause royale. Je veux parler au roi, en face, et dans son cabinet.

Cette scène refroidit d'autant plus le zèle de M. de Fontaine, que ses demandes d'audience restèrent constamment sans réponse, et qu'il vit les intrus de l'empire arriver à quelques unes des charges réservées aux meilleures maisons dans l'ancienne monarchie.

— Tout est perdu, dit-il un matin ; je crois, morbleu, que le roi est un révolutionnaire, et, sans Monsieur, qui au moins ne déroge pas, et console ses fidèles serviteurs, je ne sais en quelles mains irait un jour la couronne de France, si cela continuait. Décidément ce qu'ils appellent le régime constitutionnel est le plus mauvais de tous les systèmes de gouvernement, et ne pourra jamais convenir à la France. Louis XVIII a tout gâté à Saint-Ouen.

Alors le comte, au désespoir, se prépara à retourner à sa terre, en abandonnant avec noblesse ses prétentions à une indemnité. Tout-à-coup, les évènemens du vingt mars annoncèrent une nouvelle tempête qui menaçait d'engloutir la légitimité et ses défenseurs. Semblable à ces gens généreux qui ne renvoient pas un serviteur par un temps de pluie, M. de Fontaine emprunta à gros intérêts sur sa terre, pour suivre la monarchie en déroute, sans savoir si cette complicité d'émigration lui serait plus propice que son dévouement passé.

Il avait, il est vrai, remarqué, qu'à la cour les compagnons de l'exil étaient mieux reçus et plus avancés en faveur que les braves qui avaient protesté, les armes à la main, contre l'établissement de la république, et il espérait que cette fois le voyage lui serait plus profitable qu'un service actif et périlleux à l'intérieur.

Ses calculs de courtisanerie ne furent pas, cette fois, une de ces vaines spéculations qui, après avoir promis sur le papier des résultats superbes, ruinent par leur exécution.

Il fut donc un des cinq cents fidèles serviteurs qui partagèrent l'exil de la cour à Gand, et un des cinquante mille qui en revinrent.

Pendant cette courte absence de la royauté, M. de Fontaine eut le bonheur d'être employé par Louis XVIII lui-même. Il eut plus d'une occasion de donner au roi des preuves d'une grande probité politique et d'un attachement sincère. Un soir, le monarque n'ayant rien à faire, se souvint du bon mot dit par M. de Fontaine aux Tuileries. Le vieux Vendéen, ne laissant pas échapper un tel à-propos, raconta son histoire assez spirituellement pour que ce roi, qui n'oubliait rien, pût se la rappeler en temps utile. L'auguste littérateur remarqua la tournure fine donnée à quelques notes dont il avait confié la rédaction au discret gentilhomme, et cette dernière circonstance inscrivit M. de Fontaine, dans la mémoire du roi, parmi les plus loyaux serviteurs de sa couronne.

Alors, au second retour, le comte de Fontaine fut un de ces envoyés extraordinaires qui parcoururent les départemens. Il usa modérément du terrible pouvoir qui lui était confié ; et aussitôt que cette juridiction temporaire eut cessé, il s'assit dans un des fauteuils du conseil-d'état, devint député, parla peu, écouta beaucoup, et changea considérablement d'opinion.

Enfin, grâce à quelques circonstances qui ont échappé à l'investigation des plus curieux biographes, il entra assez avant dans l'intimité du prince, pour qu'un jour le malicieux monarque l'interpellât ainsi en le voyant entrer :

— Mon ami Fontaine, je ne m'aviserais pas de vous nommer directeur-général ni ministre, car ni vous ni moi ne resterions en place, à cause de nos opinions. Le gouvernement représentatif a cela de bon qu'il nous ôte la peine que nous avions jadis, de renvoyer nous-mêmes nos pauvres amis les secrétaires d'état. Notre conseil est une véritable hôtellerie, où l'opinion publique nous envoie souvent de singuliers voyageurs, mais enfin nous saurons toujours où placer nos fidèles serviteurs.

Cette ouverture moqueuse fut suivie d'une ordonnance qui nommait M. de Fontaine à une place fort lucrative dans l'administration du domaine extraordinaire de la Couronne. Par suite de l'intelligente attention avec laquelle M. de Fontaine écoutait les phrases sardoniques de son royal ami, son nom se trouva toujours sur les lèvres du prince, toutes les fois qu'il y eut lieu de créer une commission quelconque. Il eut le bon esprit de taire la faveur dont l'honorait le roi, et sut l'entretenir par la manière piquante dont il racontait secrètement, dans une de ces causeries familières dont Louis XVIII était aussi avide que de billets agréablement écrits, toutes les anecdotes politiques, et, s'il est permis de se servir de cette expression, les cancans diplomatiques ou parlementaires dont l'époque était féconde. On sait que les détails de sa *gouvernementabilité*, mot adopté par l'auguste railleur, l'amusaient infiniment.

Grâces au bon sens, à l'esprit et à l'adresse de M. le comte de Fontaine, chaque membre, si jeune qu'il fût, de sa nombreuse famille finit, ainsi qu'il le disait plaisamment à son maître, par se poser comme un ver à soie sur les feuilles du budget.

Ainsi, par les bontés du roi, l'aîné de ses fils parvint à une place fort éminente de la magistrature inamovible. Le second, qui était capitaine avant la restauration, obtint une légion immédiatement après son retour de Gand ; puis, à la faveur des mouvemens de 1815, pendant lesquels on observa peu les règlemens, il passa dans la garde royale, repassa dans les gardes-du-corps, revint dans la ligne, et, de là, se trouva un beau matin lieutenant-général aux environs du Trocadéro.

Le dernier, nommé sous-préfet, ne tarda pas à devenir maître des requêtes et directeur d'une administration parisienne qui était à l'abri des tempêtes législatives.

Toutes ces grâces sans éclat étaient secrètes comme la faveur du chef de la famille, et passaient inaperçues. Quoique le père et les trois fils eussent assez de sinécures pour jouir chacun d'un revenu budgétaire presque aussi considérable que celui d'un directeur-général, leur fortune politique n'excita l'envie de personne, car dans ces temps de premier établissement du système constitutionnel, peu de personnes avaient des idées bien justes sur les régions paisibles du budget, dans lesquelles d'adroits favoris surent trouver l'équivalent des abbayes détruites. Mais M. le comte de Fontaine, qui naguère encore se vantait de n'avoir pas lu la Charte, et se montrait jadis si courroucé contre les gens de cour, ne tarda pas à faire voir à son auguste maître qu'il comprenait aussi bien que lui l'esprit et les ressources du *représentatif*.

Cependant, malgré la sécurité des carrières qu'il avait ouvertes à ses trois fils, et malgré les avantages pécuniaires qui résultaient du cumul de ses quatre places, M. de Fontaine se trouvait à la tête d'une trop nombreuse famille pour pouvoir rétablir promptement et facilement sa fortune. Ses trois fils étaient riches d'avenir, de faveur et de talent; mais il avait trois filles, et craignait de lasser la bonté du monarque. Il imagina de ne jamais lui parler que d'une seule de ces vierges pressées d'allumer leur flambeau. Le roi, ayant trop bon goût pour laisser son œuvre imparfaite, aida au mariage de la première avec un receveur général, par une de ces phrases royales qui ne coûtent rien et valent des millions.

Un soir que le monarque était maussade, il se prit à sourire en apprenant qu'il existait encore une demoiselle de Fontaine, et il lui trouva pour mari un jeune magistrat d'extraction bourgeoise, il est vrai, mais riche et plein de talent. Il se fit même un malin plaisir de le créer baron.

Mais lorsque le Vendéen parla de mademoiselle Émilie de Fontaine, le roi lui répondit, de sa petite voix aigrelette:

— *Amicus Plato, sed magis amica natio.*

Puis, quelques jours après, il régala son ami *Fontaine* d'un quatrain assez innocent qu'il intitulait épigramme, et dans lequel il le plaisantait sur ses trois filles si habilement présentées à son attention, sous la forme d'une trinité, car c'était, s'il faut en croire la chronique, dans l'unité en trois personnes que le monarque avait été prendre son bon mot.

— Si Votre Majesté voulait changer son épigramme en épithalame?... dit le comte en essayant de faire tourner cette boutade à son profit.

— Je n'en vois pas la raison, répondit aigrement le roi.

La plaisanterie faite sur sa poésie ne plut pas au roi; et, à compter de ce jour, son commerce eut moins d'aménité avec M. de Fontaine.

Le comte conçut d'autant plus de chagrin de cette espèce de disgrâce, que cette fille était, comme le sont les derniers enfans dans toutes les familles, un Benjamin gâté par tout le monde. Le refroidissement du monarque à son égard fit donc d'autant plus de peine à M. de Fontaine, que jamais mariage ne paraissait plus difficile à conclure que celui de cette fille chérie.

Pour concevoir tous ces obstacles, il faut pénétrer dans l'enceinte du bel hôtel où l'administrateur était logé aux dépens de la couronne.

Mademoiselle Émilie, ayant passé son enfance à la terre de Fontaine, y avait joui de cette abondance qui suffit aux premiers plaisirs des enfans. Ses moindres désirs y étaient des lois pour ses sœurs, pour ses frères, pour sa mère, et même pour son père, car tous ses parens en raffolaient. Elle était arrivée à l'âge de raison, précisément au moment où sa famille fut comblée des capricieuses faveurs de la fortune. Le luxe dont elle fut entourée lui sembla une chose tout aussi naturelle que cette richesse de fleurs et de fruits, que l'air pur, les bois et l'opulence champêtre qui avaient fait le bonheur de ses premières années. De même qu'elle n'avait éprouvé aucune contrariété dans son enfance, quand elle voulait satisfaire de joyeux désirs, de même elle se vit encore obéie, lorsqu'à l'âge de quatorze ans elle se lança dans le tourbillon du monde. Comprenant ainsi, par degrés, les jouissances de la fortune, elle apprécia les avantages de la parure, devint amoureuse de l'élégance, s'habitua aux dorures des salons, au luxe des équipages, aux complimens flatteurs, aux recherches de la toilette, aux bijoux, aux parfums des fêtes, aux vanités de la cour. Tout lui sourit. Elle vit de la bienveillance dans tous les yeux pour elle, et comme les enfans gâtés, elle en profita pour tyranniser ceux qui l'aimaient, tandis qu'elle réservait ses coquetteries aux indifférens. Ses défauts ne firent que grandir avec elle.

Son père et sa mère devaient tôt ou tard recueillir les fruits amers de cette éducation funeste. Mademoiselle Émilie de Fontaine était arrivée à l'âge de dix-neuf ans sans avoir voulu faire de choix parmi les nombreux jeunes gens dont la politique de M. de Fontaine peuplait ses fêtes. Cette jeune personne jouissait dans le monde de toute la liberté d'esprit que peut y avoir une femme mariée. Sa beauté était si remarquable, que, pour elle, paraître dans un salon c'était régner ; or, semblable aux rois, elle n'avait pas d'amis, et devenait partout le sujet d'une conspiration de flatterie, à laquelle un naturel meilleur que le sien n'eût peut-être pas résisté. Parmi les hommes, les vieillards eux-mêmes n'avaient pas la force de contredire les opinions d'une jeune fille qui les charmait d'un regard. Élevée avec un soin particulier, pour tout ce qui concernait ce qu'on nomme les talens d'agrément, elle peignait assez bien et dessinait encore mieux. Elle était d'une force désespérante sur le piano, avait une voix délicieuse, déchiffrait à livre ouvert, dansait à merveille, et savait entretenir une conversation spirituelle sur toutes les littératures. Elle parlait l'italien et l'anglais ; bref, elle aurait pu faire croire que, comme dit Mascarille, les gens de qualité viennent au monde en sachant tout. Elle éblouissait les gens superficiels, et son tact naturel l'aidant à reconnaître les gens profonds, elle déployait pour eux tant de coquetteries, qu'à la faveur de ses séductions, elle savait échapper à leur sérieux examen.

Alors elle pouvait parler peinture ou littérature anglaise, juger à tort et à travers, faire ressortir avec une cruelle grâce d'esprit les défauts d'un tableau ou d'un ouvrage; le moindre mot d'elle était reçu par la foule idolâtre comme un *fefta* du prophète par les Turcs.

Ce vernis séduisant, cette brillante écorce couvraient un cœur insouciant, l'opinion commune à beaucoup de jeunes filles que personne n'habitait une sphère assez élevée pour pouvoir comprendre l'excellence de son âme, et un orgueil qui s'appuyait autant sur sa naissance que sur sa beauté.

En l'absence du sentiment violent qui règne tôt ou tard dans le cœur d'une femme, elle portait sa jeune ardeur dans un amour immodéré de la richesse et des distinctions. Elle professait le plus profond mépris pour tous les gens qui n'étaient pas nobles. Fort impertinente avec la nouvelle noblesse, elle faisait tous ses efforts pour que ses parens essayassent de marcher de pair au milieu des familles les plus anciennes du faubourg Saint-Germain.

Ces sentimens n'avaient pas échappé à l'œil

observateur de M. de Fontaine, et plus d'une fois il eut à gémir des sarcasmes et des bons mots d'Émilie, lors des mariages de ses deux premières filles. On doit s'étonner d'avoir vu le vieux Vendéen donner sa première fille à un receveur-général qui possédait bien quelques anciennes terres seigneuriales, mais dont le nom n'était cependant pas précédé de cette particule à laquelle le trône dut tant de défenseurs, et la seconde à un magistrat récemment baronnifié, honneur encore trop récent pour faire oublier que le père avait vendu des sacs de farine.

Ce notable changement dans les idées du noble Vendéen, et au moment où il atteignait sa soixantième année, époque à laquelle les hommes quittent rarement leurs croyances, n'était pas dû seulement à la déplorable habitation de la moderne Babylone où tous les gens de province finissent par perdre leurs rudesses; la nouvelle conscience politique du comte de Fontaine était le résultat de l'amitié du roi et de ses conseils. Ce prince philosophe avait pris plaisir à convertir le Vendéen aux idées sages qu'exigeaient la marche du dix-neuvième siècle et le changement subi par la monarchie.

Louis XVIII avait une fusion à opérer parmi les partis, comme Napoléon eut la sienne à faire entre les choses et les hommes. Le roi légitime, peut-être aussi spirituel que son rival, agissait en sens contraire : il était aussi empressé à satisfaire le tiers-état et les gens de l'empire, en contenant le clergé, que l'empereur l'avait été d'attirer auprès de lui les grands seigneurs ou à doter l'Église. Confident des royales pensées, le conseiller d'état était insensiblement devenu l'un des chefs les plus influens et les plus sages de ce parti modéré qui désirait vivement, au nom de l'intérêt national, la fusion de toutes les opinions. Il prêchait les principes salutaires du gouvernement constitutionnel et secondait de toute sa puissance les jeux de la bascule politique qui permettait à son maître de gouverner la France au milieu des dernières agitations de la révolution. Peut-être M. de Fontaine se flattait-il d'arriver à la pairie par un de ces coups de vent législatifs dont il voyait des effets si bizarres ; car un de ses principes les plus fixes consistait à ne plus reconnaître en France d'autre noblesse que la pairie, puisque les familles à manteau bleu étaient les seules qui eussent des priviléges. — En effet, disait-il, comment concevoir une noblesse sans priviléges? c'est un manche sans outil.

Aussi éloigné du parti de Manuel que du parti de La Bourdonnaye, il entreprenait avec ardeur la réconciliation générale, d'où devaient sortir une ère nouvelle et de brillantes destinées pour la France. Il cherchait à convaincre toutes les familles chez lesquelles il avait accès du peu de chances favorables qu'offraient désormais la carrière militaire et l'administration; et il engageait les mères à lancer leurs enfans dans les professions indépendantes et industrielles, leur donnant à entendre que les emplois militaires et les hautes fonctions du gouvernement finiraient par appartenir très constitutionnellement aux cadets des familles nobles de la pairie, et que la nation avait conquis une part assez large dans l'administration par son assemblée élective, par les places de la magistrature, et par celles de la finance, qui seraient toujours l'apanage des notabilités du tiers-état.

Les nouvelles idées du chef de la famille de Fontaine, et les sages alliances qui en étaient résultées pour ses deux premières filles avaient rencontré une forte opposition au sein de son ménage.

La comtesse de Fontaine resta fidèle à toutes ses croyances aristocratiques, peut-être parce qu'elle appartenait aux Montmorency du côté de sa mère. Aussi fut-elle un moment contraire au bonheur et à la fortune qui attendaient ses deux filles aînées, mais elle fut forcée de céder à ces considérations secrètes que les époux se confient le soir quand les têtes reposent sur le même oreiller.

M. de Fontaine démontra froidement à sa femme par d'exacts calculs, que le séjour de Paris, l'obligation d'y représenter, et la splendeur de sa maison (splendeur qu'il ne blâmait pas puisqu'elle était si tardivement venue les dédommager des privations qu'ils avaient courageusement partagées au fond de la Vendée); qu'enfin les dépenses faites pour leurs fils absorbaient la plus grande partie de leur revenu budgétaire, et qu'il fallait saisir, comme une faveur céleste, l'occasion qui se présentait pour eux d'établir leurs filles aussi richement ; qu'elles devaient jouir un jour de soixante ou quatre-vingt mille livres de rente ; que des mariages aussi avantageux ne se rencontraient pas tous les jours pour des filles sans dot; et qu'enfin, il était temps de penser à économiser, pour augmenter les revenus de la terre de Fontaine, afin de reconstruire l'antique fortune de leur famille. Madame de Fontaine céda, comme toutes les mères l'auraient fait, à sa place, quoique de meilleure grâce peut-être, à des argumens aussi persuasifs ; mais elle déclara qu'au moins sa fille Emilie ne serait mariée que de la manière la plus brillante et au gré de l'orgueil qu'elle avait malheureusement contribué à développer dans cette jeune âme.

Ainsi les évènemens qui auraient dû répandre la joie dans cette famille y introduisirent un léger levain de discorde. Le receveur général et le jeune président furent en butte aux froideurs d'un cérémonial tout particulier que la comtesse et sa fille Emilie eurent le talent de créer. Leur étiquette trouva bien plus amplement lieu d'exercer ses tyrannies domestiques, lorsque le lieutenant général épousa la fille unique d'un banquier; quand le magistrat se maria avec une demoiselle dont le père, tout millionnaire qu'il était, faisait le commerce des toiles peintes, et que le troisième frère se montra fidèle à ces doctrines roturières en prenant sa jeune épouse dans la famille d'un riche notaire de Paris.

Les trois belles-sœurs et les deux beaux-frères trouvaient tant de charmes et d'avantages personnels à rester dans la haute sphère des puissances politiques, et à parcourir les salons du faubourg Saint-Germain, que, tous, s'accordèrent pour former une petite cour à la hautaine Emilie. Ce pacte d'intérêt et d'orgueil n'était cependant pas tellement bien cimenté que la jeune souveraine n'excitât souvent des révolutions dans son petit état.

Des scènes que le bon ton ne pouvait entièrement désavouer entretenaient, entre tous les membres de cette puissante famille, une humeur moqueuse qui, sans altérer sensiblement l'amitié affichée en public, dégénérait quelquefois dans l'intérieur en sentimens peu charitables. Ainsi, la femme du lieutenant général, devenue vicomtesse, se croyait tout aussi noble qu'une Rohan, et prétendait que cent bonnes mille livres de rente lui donnaient le droit d'être aussi impertinente que sa belle-sœur Emilie, à laquelle elle souhaitait parfois avec ironie un mariage heureux, en faisant observer que la fille de tel pair venait d'épouser monsieur un tel.....

Par le bon goût de ses voitures et la richesse de ses toilettes, la femme du baron de Fontaine s'amusait à éclipser Emilie, qui se promettait bien de prendre sa revanche quand elle serait mariée.

L'air moqueur dont les belles-sœurs et les deux beaux-frères accueillaient quelquefois les prétentions avouées par mademoiselle de Fontaine excitait en elle un courroux qui ne se calmait jamais que par une pluie d'épigrammes.

Enfin, lorsque le chef de la famille éprouva un peu de refroidissement dans la tacite et précaire amitié du monarque, il trembla d'autant plus, que jamais sa fille chérie n'avait, par suite des défis railleurs de ses sœurs, jeté ses vues si haut.

Ce fut au milieu de ces circonstances et au moment où cette petite lutte domestique était devenue fort grave, que le monarque auprès duquel M. de Fontaine croyait rentrer en grâce, fut attaqué de la maladie dont il devait périr. En effet le grand politique qui sut si bien conduire son vaisseau au sein des orages ne tarda pas à succomber.

Incertain de la faveur à venir, le comte de Fontaine fit les plus grands efforts pour rassembler autour de sa dernière fille l'élite des jeunes gens à marier. Ceux qui ont été à même de chercher à résoudre le problème difficile de l'établissement d'une fille, orgueilleuse et fantasque, comprendront peut-être toutes les peines que se donna le pauvre Vendéen.

Achevée au gré de son enfant chéri, cette dernière entreprise aurait couronné dignement la carrière que le comte parcourait depuis dix ans à Paris. Car, par la manière dont sa famille envahissait les traitemens de tous les ministères, elle pouvait se comparer à la maison d'Autriche, qui, par ses alliances, menace d'envahir toute l'Europe. Aussi le vieux Vendéen ne se rebutait-il pas dans ses présentations de prétendus, tant il avait à cœur le bonheur de sa fille. Mais rien n'était plus plaisant que la manière dont l'impertinente créature prononçait ses arrêts et jugeait le mérite de ses adorateurs.

Il semblait qu'elle fût une de ces princesses des Mille et un Jours, qui étaient si riches et si belles qu'elles avaient le droit de choisir parmi tous les princes du monde. Elle faisait mille objections plus bouffonnes les unes que les autres. Tantôt l'un avait les jambes trop grosses ou les genoux cagneux, l'autre était miope, celui-ci s'appelait Durand, celui-là boitait; presque tous étaient trop gras....

Et plus vive, plus charmante, plus gaie que jamais après avoir rejeté deux ou trois prétendus, elle s'élançait vers les fêtes de l'hiver et courait au bal, où ses yeux perçans examinaient les célébrités du jour; où souvent, à l'aide de son ravissant babil, elle parvenait à deviner les secrets du cœur, où elle se plaisait à tourmenter tous les jeunes gens et à exciter avec une coquetterie instinctive des demandes qu'elle rejetait toujours.

La nature lui avait donné en profusion les avantages nécessaires au rôle qu'elle jouait.

Grande et svelte, Emilie de Fontaine avait une démarche imposante ou folâtre, à son gré. Son cou un peu long lui permettait de prendre de merveilleuses attitudes de dédain et d'impertinence. Elle s'était fait un fécond répertoire de ces airs de tête et de ces gestes féminins qui expliquent si cruellement ou si heureusement les demi-mots et les sourires. De beaux cheveux noirs, des sourcils très fournis et fortement arqués prêtaient à sa physionomie une expression de fierté que la coquetterie autant que son miroir lui avaient appris à rendre terrible ou à tempérer par la fixité ou la douceur de son regard, par l'immobilité ou les légères inflexions de ses lèvres, par la froideur ou la grâce de son souris.

Quand Émilie voulait s'emparer d'un cœur, sa voix pure ne manquait pas de mélodie ; mais elle savait lui imprimer aussi une sorte de clarté brève quand elle entreprenait de paralyser la langue indiscrète d'un cavalier. Sa figure blanche et son front de marbre étaient semblables à la surface limpide d'un lac qui tour à tour se ridait sous l'effort d'une brise ou reprenait sa sérénité joyeuse. Plus d'un jeune homme en proie à ses dédains, et plein de dépit, l'accusait de jouer la comédie ; mais il y avait tant de feu et tant de promesses dans ses yeux noirs, qu'elle faisait bondir malgré eux tous les cœurs de ses élégans danseurs, sous les blancs gilets et les fracs noirs. Parmi les jeunes filles à la mode, nulle ne savait mieux qu'elle prendre un air de hauteur en recevant le salut d'un homme qui n'avait que du talent, déployer cette politesse insultante pour les personnes qu'elle regardait comme ses inférieures, et verser les trésors de son impertinence sur tous ceux qui essayaient de marcher de pair avec elle. Bref, elle semblait, partout où elle se trouvait, recevoir plutôt des hommages que des complimens ; et, chez une princesse même, sa tournure et ses airs eussent converti le fauteuil sur lequel elle se serait assise en un trône impérial.

Ce fut alors, mais trop tard, que M. de Fontaine découvrit combien l'éducation de la fille qu'il aimait le plus avait été faussée par la tendresse dont elle était encore l'objet. L'admiration que le monde témoigne d'abord à une jeune personne, et dont il se venge plus tard, avait encore exalté l'orgueil d'Émilie et accru sa confiance en elle-même. Les bontés dont elle était comblée par tous ceux qui l'entouraient développèrent dans son cœur l'égoïsme naturel aux enfans gâtés qui s'amusent de tout ce qui les approche comme les rois avec leurs gens.

En ce moment, la grâce de la jeunesse et le charme des talens cachaient à tous les yeux ces défauts, d'autant plus odieux chez une femme qu'elle ne peut plaire constamment que par le dévouement et l'abnégation d'elle-même. Mais rien n'échappe à l'œil d'un bon père. Alors M. de Fontaine voulut essayer d'expliquer à sa fille les principales pages du livre énigmatique de la vie. Ce fut une vaine entreprise. En effet, il eut trop souvent à gémir sur l'indocilité capricieuse et la sagesse ironique de sa fille, pour persévérer dans une tâche aussi difficile à son âge que l'était celle de corriger un naturel aussi pernicieux. Il se contenta donc de donner de temps à autre des conseils pleins de douceur et de bonté; mais il avait la douleur de voir ses plus tendres paroles glisser sur le cœur de sa fille comme s'il eût été de marbre.

Les yeux d'un père se dessillent si tard, qu'il fallut au vieux Vendéen plus d'une épreuve pour s'apercevoir de l'air de condescendance avec laquelle sa fille lui accordait de rares caresses. Elle ressemblait à ces jeunes enfans qui paraissent dire à leur mère : — Dépêche-toi de m'embrasser pour que j'aille jouer. Enfin, Émilie daignait avoir de la tendresse pour ses parens. Mais souvent par des caprices soudains qui semblent inexplicables chez les jeunes filles, elle s'isolait, et ne se montrait plus que rarement. Elle se plaignait d'avoir à partager avec trop de monde l'affection et le cœur de son père et de sa mère. Elle devenait jalouse de tout, même de ses frères et de ses sœurs; et, après avoir pris bien de la peine à créer un désert autour d'elle, elle accusait la nature entière de ce qu'elle restait seule. Armée de son expérience de vingt ans, elle condamnait le sort, parce que, ne sachant pas que le premier principe du bonheur est en nous, elle demandait aux choses de la vie de lui donner le bonheur. Elle aurait fui au bout du globe, pour éviter des mariages semblables à ceux de ses deux sœurs; et parfois, elle avait dans le cœur une affreuse jalousie de les voir mariées, riches et heureuses. Enfin, quelquefois elle donnait à penser à sa mère, qui était victime de ses procédés tout autant que M. de Fontaine, qu'elle était en proie à quelque folie.

Mais cette aberration était assez explicable. En effet, rien n'est plus commun que cette secrète fierté qui naît dans le cœur des jeunes personnes que la nature a douées d'une grande beauté, et qui appartiennent à une famille un peu élevée sur l'échelle sociale. Puis ensuite elles sont presque toutes persuadées que leurs mères, arrivées à l'âge de quarante ou cinquante ans, ne peuvent plus ni sympathiser avec leurs jeunes âmes, ni en concevoir les fantaisies. Elles s'imaginent que la plupart des mères sont jalouses de leurs filles, et veulent les habiller à leur mode dans le dessein prémédité de les éclipser et de leur ravir des hommages. De là, souvent des larmes secrètes ou de sourdes révoltes contre la prétendue tyrannie maternelle.

Au milieu de ces chagrins qui deviennent réels, quoique assis sur une base imaginaire, elles ont encore la manie de composer un thème pour leur existence, et elles se tirent à elles-mêmes leur horoscope, sans autre magie que celle de prendre leurs rêves pour des réalités. Ainsi elles résolvent secrètement dans leurs longues méditations de n'accorder leur cœur et leur main qu'à l'homme qui possèdera tel ou tel avantage. Elles dessinent dans leur imagination un type auquel il faut, bon gré malgré, que leur futur ressemble, et ce n'est qu'après avoir expérimenté la vie et fait les réflexions sérieuses qu'amènent les années, ce n'est qu'à force de voir le monde et son train prosaïque, à force d'exemples malheureux, que les brillantes couleurs de leur figure idéale s'abolissent, et qu'elles se trouvent un beau jour, au milieu du courant de la vie, tout étonnées d'être heureuses sans la nuptiale poésie de leurs rêves.

Mademoiselle Émilie de Fontaine avait, suivant cette poétique, arrêté, dans sa sagesse d'un jour, un programme auquel devrait se conformer celui qu'elle aimerait. De là venaient tous ses dédains et ses impertinens sarcasmes.

— Avant tout, s'était-elle dit, il sera jeune, et de noblesse ancienne. Encore faut-il qu'il soit pair de France ou fils aîné d'un pair, parce qu'il me serait insupportable de ne pas voir mes armes peintes sur les panneaux de ma voiture au milieu des plis flottans d'un manteau d'azur. C'est d'ailleurs un passeport pour parcourir comme les princes la grande allée du milieu aux promenades de Longchamp. Et puis, mon père prétend que ce sera un jour la plus belle dignité de France. Je le veux militaire, en me réservant de lui faire donner sa démission ; mais surtout qu'il ait une décoration, parce qu'on nous portera les armes.

Enfin, toutes ces rares qualités n'étaient rien encore, si cet être de raison n'avait pas une grande amabilité, une jolie tournure, de l'esprit, et s'il n'était pas svelte. Cette dernière grâce du corps, toute fugitive qu'elle pouvait être, surtout dans un gouvernement représentatif, était une qualité de rigueur. Mademoiselle de Fontaine avait une certaine mesure idéale qui lui servait de modèle, et le jeune homme qui, au premier coup-d'œil, ne remplissait pas les conditions de maigreur voulues par le prospectus, n'obtenait même pas un second regard.

— O mon Dieu ! est-il gras ! était chez elle l'expression du dernier degré de son mépris.

A l'entendre, les gens d'une honnête corpulence étaient incapables de sentimens, mauvais maris et indignes d'entrer dans une société bien civilisée. Chez les femmes, l'embonpoint était un malheur ; quoique, après tout, ce fût une beauté recherchée en Orient ; mais, chez un homme, c'était un crime.

Toutes ces opinions paradoxales amusaient, grâces à une certaine gaieté d'élocution ; mais M. de Fontaine sentit que plus tard les prétentions de sa fille, dont certains esprits féminins, clairvoyans et peu charitables, commençaient à apercevoir le ridicule, deviendraient un fatal sujet de raillerie. Il craignit que les idées bizarres de sa fille ne se changeassent en mauvais ton. Il tremblait même que le monde impitoyable ne se moquât déjà d'une personne qui restait si long-temps en scène sans donner un dénouement au drame qu'elle jouait. Plus d'un acteur, mécontent d'un refus, paraissait attendre le moindre incident malheureux pour se venger; et les indifférens, les oisifs, commençaient à se lasser, car l'admiration semble être une fatigue pour l'espèce humaine. Or, le vieux Vendéen savait mieux que personne que s'il n'existe qu'un moment d'entrer sur les tréteaux du monde, sur ceux de la cour, dans un salon, ou sur la scène, il n'y en a qu'un non plus pour en sortir.

Aussi, pendant le premier hiver qui suivit l'avènement au trône de S. M. Charles X, il redoubla d'efforts, conjointement avec ses trois fils et ses gendres, pour réunir dans les brillans salons de son hôtel les meilleurs partis que Paris et les différentes députations des départemens pouvaient présenter. L'éclat de ses fêtes, le luxe de sa salle à manger et ses dîners parfumés de truffes rivalisaient avec les célèbres repas par lesquels les ministres du temps s'assuraient les votes de leurs soldats parlementaires.

L'honorable Vendéen fut signalé comme un des plus puissans corrupteurs de la probité législative de cette chambre qui sembla mourir d'indigestion ; et, chose bizarre, ce fut aux efforts qu'il faisait pour marier sa fille qu'il dut de se maintenir dans une éclatante faveur. Peut-être trouva-t-il quelque avantage secret à vendre deux fois ses truffes. Cette accusation portée par certains libéraux railleurs, qui se vengeaient, par l'abondance des paroles, de la rareté de leurs adhérens dans la chambre, n'eut aucun succès. La conduite du gentilhomme poitevin était en général si noble et si honorable, qu'il ne reçut pas une seule de ces épigrammes dont les malins journaux de cette époque assaillirent les trois cents votans du centre, les ministres, les cuisiniers, les directeurs généraux, les princes de la fourchette et les défenseurs d'office qui soutenaient l'administration-Villèle.

A la fin de cette campagne, pendant laquelle M. de Fontaine avait, à plusieurs reprises, fait donner toutes ses troupes, il crut que son assemblée de prétendus ne serait pas, cette fois, une fantasmagorie pour sa fille, et qu'il était temps de la consulter.

Il avait une certaine satisfaction intérieure d'avoir si bien rempli son devoir de père; et, comme il avait fait flèche de tout bois, il espérait que, de tant de cœurs offerts à la capricieuse Émilie, il pouvait s'en être rencontré au moins un qu'elle eût distingué. Incapable de renouveler cet effort, il était comme lassé de la conduite de sa fille; aussi, vers la fin du carême, un matin que la séance de la chambre ne réclamait pas trop impérieusement son vote, attendu que c'était le jour destiné aux pétitions, il résolut de faire un coup d'autorité.

Pendant qu'un valet de chambre dessinait artistement, sur son crâne jaune, le delta de poudre qui complétait, avec des ailes de pigeon pendantes, sa coiffure vénérable, le père d'Emilie ordonna à un vieux serviteur, non sans une secrète émotion, d'aller avertir l'orgueilleuse demoiselle de comparaître immédiatement devant le chef de la famille.

— Joseph, dit-il au valet de chambre qui avait achevé sa coiffure, ôtez cette serviette, tirez ces rideaux, mettez ces fauteuils en place, secouez le tapis de la cheminée, essuyez partout.. Allons!.. Et donnez un peu d'air à mon cabinet en ouvrant la fenêtre.

Le comte, en multipliant ses ordres, essouffla Joseph, qui, devinant les intentions de son maître, restitua quelque splendeur à cette pièce naturellement la plus négligée de toute la maison. Il réussit à imprimer une sorte d'harmonie à des monceaux de comptes, et quelque symétrie aux cartons, aux livres et aux meubles de ce sanctuaire où se débattaient les intérêts du domaine de la couronne.

Quand Joseph eut achevé de mettre un peu d'ordre dans ce chaos, et de placer en évidence, comme dans un magasin de nouveautés, les choses qui pouvaient être les plus agréables à voir et produire par leurs couleurs une sorte de poésie bureaucratique, il s'arrêta au milieu du dédale des paperasses qui, en quelques endroits, étaient étalées même jusque sur le tapis, il s'admira lui-même un moment, hocha la tête, et sortit.

Mais le sinécuriste ne partagea pas la bonne opinion de son serviteur; et, avant de s'asseoir dans son immense fauteuil à oreilles, au dos recourbé et garni en maroquin rouge, il jeta un regard de méfiance autour de lui, examina d'un air hostile la blancheur de sa robe de chambre, en chassa quelques grains de tabac, s'essuya soigneusement le nez, rangea les pelles et les pincettes, attisa le feu, releva les quartiers de ses pantoufles, rejeta en arrière sa petite queue qui s'était horizontalement logée entre le col de son gilet et celui de sa robe de chambre; et, après lui avoir fait reprendre sa position perpendiculaire, il donna un coup de balai aux cendres d'un foyer qui pouvait attester l'obstination de son catarrhe. Enfin le vieux Vendéen ne s'assit qu'après avoir repassé une dernière fois en revue son cabinet, espérant que rien n'y pourrait donner lieu à ces remarques aussi plaisantes qu'impertinentes par lesquelles sa fille chérie, abusant de sa tendresse sexagénaire, avait coutume de répondre à ses sages avis. En cette occurrence, il ne voulait pas compromettre sa dignité paternelle. Il prit délicatement un prise de tabac, et toussa deux ou trois fois comme s'il se disposait à demander l'appel nominal ; car il entendit le pas léger de sa fille qui entra en fredonnant un air de l'opéra de *el Barbiere.*

— Bonjour, mon père... que me voulez-vous donc si matin ?...

Et, après ces paroles jetées comme la ritournelle de l'air qu'elle chantait, elle embrassa son père, non pas avec cette tendresse familière qui rend le sentiment filial chose si douce, mais avec l'insouciante légèreté d'une maîtresse sûre de toujours plaire, quoi qu'elle fasse.

— Ma chère enfant... dit gravement M. de Fontaine, je t'ai fait venir pour causer très sérieusement avec toi, sur ton avenir. La nécessité où tu es en ce moment de choisir un mari de manière à assurer ton bonheur...

— Mon bon père... reprit Emilie en employant les sons les plus caressans de sa voix, pour interrompre le comte, il me semble que l'armistice que nous avons conclu relativement à mes prétendus n'est pas encore expiré.

— Emilie, cessons aujourd'hui de badiner sur un sujet aussi important. Depuis quelque temps tous les efforts de ceux qui t'aiment véritablement, ma chère enfant, se réunissent pour te procurer un établissement convenable, et ce serait te rendre coupable d'ingratitude que d'accueillir légèrement les marques d'intérêt que je ne suis pas seul à te prodiguer.

En entendant ces paroles la jeune fille

avait jeté un regard malicieusement investigateur sur les meubles du cabinet paternel. Elle alla prendre celui des fauteuils qui paraissait avoir le moins servi aux solliciteurs, elle l'apporta elle-même de l'autre côté de la cheminée de manière à se placer en face de son père ; puis, prenant une attitude si grave qu'il était impossible de n'y pas voir les traces d'une moquerie, elle se croisa les bras sur la riche garniture d'une pèlerine *à la neige* dont elle froissa les nombreuses ruches de tulle. Après avoir regardé de côté, et en riant, la figure soucieuse de son vieux père, elle rompit le silence :

— Je ne vous ai jamais entendu dire, mon bon père, que le gouvernement fît ses communications en robe de chambre ; mais, ajouta-t-elle, n'importe, le peuple n'est pas difficile !... Elle sourit. Voyons donc vos projets de loi et vos présentations officielles...

— Je n'aurai pas toujours la facilité de t'en faire, petite folle !... Enfin mon intention, mademoiselle, n'est pas de compromettre plus long-temps mon caractère, qui est une partie de la fortune de mes enfans, à recruter ce régiment de danseurs que tu mets en déroute à chaque printemps. Déjà tu as été la cause innocente de bien des brouilleries dangereuses avec certaines familles, mais j'espère que tu comprendras mieux aujourd'hui les difficultés de ta position et de la nôtre.

Émilie, tu as vingt ans, et voici près de cinq ans que l'on te voit rester fille. Tes frères, tes deux sœurs sont tous établis richement et heureusement. Mais, mon enfant, les dépenses que nous ont suscitées ces mariages et le train de maison que tu fais tenir à ta mère ont absorbé tellement nos revenus, que c'est tout au plus si je pourrai te donner cent mille francs de dot. Dès aujourd'hui je veux m'occuper du sort à venir de ta mère : il ne doit pas être sacrifié par moi à ses enfans ; et je veux, Émilie, que, lorsque je viendrai à manquer à ma famille, madame de Fontaine ne soit à la merci de personne ; et qu'elle continue à jouir de l'aisance dont j'ai récompensé trop tard son dévouement à mes malheurs.

Tu vois, mon enfant, que la faiblesse de ta dot n'est pas en rapport avec toutes tes idées de grandeur... Encore cette somme est-elle un sacrifice que je n'ai fait pour aucun autre de mes enfans ; mais ils se sont généreusement accordés à ne pas se prévaloir un jour de l'avantage que nous faisons, ta mère et moi, à un enfant trop chéri.

— Dans leur position !... dit Émilie en agitant la tête avec ironie.

— Ma fille, que je ne vous entende jamais déprécier ainsi ceux qui vous aiment. Sachez qu'il n'y a que les pauvres de généreux ! Les riches ont toujours d'excellentes raisons pour ne pas abandonner vingt mille francs à un parent...

Eh bien ! ne boude pas, mon enfant ! Et voyons... Dis-moi, tu es raisonnable, parlons de nos jeunes gens. N'as-tu pas remarqué parmi eux M. de Montalant ?...

— Oh ! il dit *zeu* au lieu de jeu, il regarde toujours son pied parce qu'il le croit petit, et il se mire !... D'ailleurs, il est blond, et je n'aime pas les blonds...

— Eh bien ! M. de Sérisy ?...

— Il n'est pas noble. Il est mal fait et gros. A la vérité il est brun. Il faudrait que ces deux messieurs s'entendissent pour réunir leurs fortunes, et que le premier donnât son corps et son nom au second, qui garderait ses cheveux, et alors... peut-être...

— Qu'as-tu à dire contre M. de Saluces?...

— Il s'est fait banquier...

— M. de Comines?...

— Il danse mal ; mais, mon père, tous ces gens-là n'ont pas de titres, et je veux être au moins comtesse comme l'est ma mère.

— Tu n'as donc vu personne cet hiver qui...?

— Non, mon père...

— Que veux-tu donc?...

— Le fils d'un pair de France...

— Ma fille, dit M. de Fontaine en se levant, vous êtes folle!...

Mais tout-à-coup il leva les yeux au ciel, sembla puiser une dose plus forte de résignation dans une pensée religieuse; et, jetant un regard de pitié paternelle sur son enfant qui devint émue, il lui prit la main, la serra, et lui dit avec attendrissement:

— Dieu m'est témoin! pauvre créature égarée, que j'ai consciencieusement rempli mes devoirs de père envers toi, que dis-je, consciencieusement! avec amour, mon Émilie. Oui,

Dieu sait que, cet hiver, j'ai amené près de toi plus d'un honnête homme dont les qualités, les mœurs, le caractère m'étaient connus, et tous nous ont paru dignes de toi. Mon enfant, ma tâche est remplie. D'aujourd'hui je te rends l'arbitre de ton sort, me trouvant heureux et malheureux tout ensemble de me voir déchargé de la plus lourde des obligations paternelles. Je ne sais pas si long-temps encore tu entendras une voix qui, par malheur, n'a jamais été sévère; mais souviens-toi que le bonheur conjugal ne se fonde pas tant sur des qualités brillantes et sur la fortune, que sur une estime réciproque. Cette félicité est, de sa nature, modeste et sans éclat. Va, ma fille, mon aveu est acquis à celui que tu me présenteras pour gendre; mais si tu devenais malheureuse, songe que tu n'auras pas le droit d'accuser ton père. Je ne me refuserai pas à faire des démarches et à t'aider; seulement si tu fais un choix, qu'il soit définitif; car je ne compromettrai pas deux fois le respect dû à mes cheveux blancs.

L'affection que lui témoignait son père, et l'accent solennel qu'il mit à son onctueuse allocution touchèrent vivement mademoiselle de Fontaine ; mais elle dissimula son attendrissement, et sautant avec légèreté sur les genoux du comte qui s'était assis tout tremblant encore, elle lui fit les caresses les plus douces, et le câlina avec une grâce féminine si suave que le front du vieillard se dérida. Quand Émilie jugea que son père était remis de sa pénible émotion, elle lui dit à voix basse :

— Je vous remercie bien de votre gracieuse attention, mon cher père. Vous avez arrangé votre appartement pour recevoir votre fille chérie. Vous ne saviez peut-être pas la trouver si folle et si rebelle... Mais, mon père, c'est donc bien difficile d'épouser un pair de France?... Vous prétendiez qu'on en faisait par douzaines... Ah! vous ne me refuserez pas des conseils au moins !...

— Non! pauvre enfant! non! et je te crierai plus d'une fois : Prends garde! Songe donc que la pairie est un ressort trop nouveau dans notre gouvernementabilité, comme disait le feu roi, pour que les pairs puissent posséder de grandes fortunes. — Ceux qui sont riches veulent le devenir encore plus; car le plus opulent de tous les membres de notre pairie n'a pas la moitié du revenu que possède le moins riche lord de la chambre haute du parlement anglais. Or tous les pairs de France sans exception chercheront pour leurs fils de riches héritières, n'importe où elles se trouveront ; car la nécessité où ils sont de faire tous des mariages d'argent durera encore plus de cent ans. Mais il est possible qu'en attendant l'heureux hasard que tu désires, recherche qui peut te coûter tes plus belles années, tes charmes (car on s'épouse considérablement par amour dans notre siècle), tes charmes, dis-je, opèrent un prodige. Lorsque l'expérience se cache sous un visage aussi frais que le tien, l'on peut en espérer des merveilles. Tu as d'abord la facilité de reconnaître les vertus dans le plus ou le moins de volume que prennent les corps. Ce n'est pas un petit mérite. Aussi n'ai-je pas besoin de prévenir une personne aussi sage que toi de toutes les difficultés de l'entreprise. Je suis certain que tu ne supposeras jamais à un inconnu du bon sens en lui voyant une figure flatteuse, ou des vertus, parce qu'il aura une jolie tournure.

Enfin je suis parfaitement de ton avis sur l'obligation dans laquelle sont tous les fils de pair d'avoir un air à eux et une manière d'être tout-à-fait distinctive. Aujourd'hui que rien ne marque les rangs, ces jeunes gens-là doivent avoir un *je ne sais quoi* qui les fasse reconnaître. D'ailleurs tu tiens ton cœur en bride comme un bon cavalier certain de ne pas laisser broncher son coursier. Ma fille!... — Bonne chance.

— Tu te moques de moi, mon père... Eh bien ! je te déclare que j'irai plutôt mourir au couvent de mademoiselle de Condé, que de ne pas être la femme d'un pair de France.

Elle s'échappa des bras de son père, et, toute fière d'être sa maîtresse, elle s'en alla en chantant l'air de *Cara non dubitare* du *Matrimonio secreto*.

Ce jour-là, le hasard fit que toute la famille se trouva réunie pour fêter l'anniversaire d'une fête domestique ; et, au dessert, madame Bonneval, la femme du receveur général et l'aînée d'Émilie, parla assez hautement d'un jeune Américain, possesseur d'une immense fortune, lequel, devenu passionnément épris de sa sœur, lui avait fait des propositions extrêmement brillantes.

— C'est un banquier, je crois, dit négligemment Émilie. Je n'aime pas les gens de finance.

— Mais, Émilie, répondit le baron de Villaine, le mari de la seconde sœur de mademoiselle de Fontaine, vous n'aimez pas non plus la magistrature, de manière que je ne vois pas trop, si vous repoussez les propriétaires non titrés, dans quelle classe vous choisirez un mari.

—Surtout, Émilie, avec ton système de maigreur, ajouta le lieutenant général.

— Je sais, répondit la jeune fille, ce qu'il me faut.

— Ma sœur veut un grand nom, dit la baronne de Fontaine, et cent mille livres de rente.

— Je sais, ma chère sœur, reprit Émilie, que je ne ferai pas un sot mariage comme j'en ai tant vu faire. D'ailleurs, pour éviter ces discussions nuptiales que j'exècre, je déclare que je regarderai comme les ennemis de mon repos ceux qui me parleront de mariage.

Un oncle d'Émilie, vieillard septuagénaire,

dont la fortune venait de s'augmenter d'une vingtaine de mille livres de rente, par suite de la loi d'indemnité, et qui était en possession de dire de dures vérités à sa petite-nièce dont il raffolait, s'écria, pour dissiper l'aigreur de cette conversation :

— Ne tourmentez donc pas cette pauvre Émilie. Ne voyez-vous pas qu'elle attend la majorité du duc de Bordeaux ?

Un rire universel accueillit la plaisanterie du vieillard.

— Prenez garde que je ne vous épouse, vieux fou !... s'écria la jeune fille dont heureusement les dernières paroles furent étouffées par le bruit.

— Mes enfans, dit madame de Fontaine pour adoucir cette impertinence, Émilie ne prendra conseil que de sa mère, de même que vous avez tous pris conseil de votre père.

— O mon Dieu ! je n'écouterai que moi dans une affaire qui ne regarde que moi !... dit fort distinctement mademoiselle de Fontaine.

Tous les regards se portèrent alors sur le chef de la famille. Chacun semblait être curieux de voir comment il allait s'y prendre pour maintenir sa dignité. Non seulement, le vénérable Vendéen jouissait d'une grande considération dans le monde, mais encore, plus heureux que bien des pères, il était apprécié par sa famille, dont tous les membres avaient su reconnaître les qualités solides qui lui servirent à faire la fortune de tous ses parens. Aussi était-il entouré de ce profond respect qui règne dans les familles anglaises et dans quelques maisons aristocratiques du continent pour le représentant de l'arbre généalogique. Il s'établit un profond silence, et les yeux des convives se portèrent alternativement sur la figure boudeuse et altière de l'enfant gâté et sur les visages sévères de monsieur et madame de Fontaine.

— J'ai laissé ma fille Émilie maîtresse de son sort.

Telle fut la réponse que laissa tomber le comte d'un son de voix profond et agité.

Tous les parens et les convives regardèrent mademoiselle de Fontaine avec une curiosité mêlée de pitié; car cette parole semblait annoncer que la bonté paternelle s'était lassée de lutter contre un caractère que toute la famille savait être incorrigible. Les gendres murmurèrent, et les frères lancèrent à leurs femmes des sourires moqueurs. Puis, dès ce moment, chacun cessa de s'intéresser au mariage de l'orgueilleuse fille. Son vieil oncle fut le seul qui, en sa qualité d'ancien marin, osât courir des bordées avec elle, et essuyer ses boutades, n'étant jamais embarrassé de lui rendre feu pour feu.

Quand la belle saison fut venue et que le budget eut été voté, cette famille, véritable modèle des familles parlementaires de l'autre bord de la Manche, qui ont un pied dans toutes les administrations et dix voix aux communes, s'envola, comme une nichée d'oiseaux, vers les beaux sites d'Aulnay, d'Antony et de Châtenay.

L'opulent receveur général avait récemment acheté dans ces parages une maison de campagne pour sa femme, car il ne restait à Paris que pendant les sessions. Quoique la belle Émilie méprisât la roture, ce sentiment n'allait pas jusqu'à dédaigner les avantages de la fortune, quoiqu'elle fût amassée par des bourgeois. Elle accompagna donc sa sœur à la *villa* somptueuse, moins par amitié pour les personnes de sa famille qui s'y réfugièrent, que parce que le bon ton ordonne impérieusement à toute femme qui se respecte d'abandonner Paris pendant l'été.

Or, les vertes campagnes de Sceaux remplissaient admirablement bien les conditions du compromis signé entre le bon ton et le devoir des charges publiques.

Comme il est un peu douteux que la réputation du bal champêtre de Sceaux ait jamais dépassé la modeste enceinte du département de la Seine, il est nécessaire de donner quelques détails sur cette fête hebdomadaire qui, par son importance, menace de devenir une institution. Les environs de la petite ville de Sceaux jouissent d'une renommée due à des sites qui passent pour être ravissans. Peut-être sont-ils fort ordinaires et ne doivent-ils leur célébrité qu'à la stupidité des bourgeois de Paris, qui, au sortir des abîmes de moellon où ils sont ensevelis, seraient disposés à admirer une plaine de la Beauce. Cependant les poétiques ombrages d'Aulnay, les collines d'Antony et de Fontenay-aux-Roses étant habités par quelques artistes qui ont voyagé, par des étrangers, gens fort difficiles, et par nombre de belles dames qui ne manquent pas de bon goût, il est à croire que les Parisiens ont raison.

Mais Sceaux possède un autre attrait non moins puissant pour le Parisien. Au milieu d'un jardin d'où la vue découvre de délicieux aspects, se trouve une immense rotonde, ouverte de toutes parts, dont le dôme aussi léger que vaste est soutenu par d'élégans piliers. Sous ce dais champêtre est une salle de danse célèbre. Il est rare que les propriétaires les plus collets-montés du voisinage n'émigrent pas une fois ou deux, pendant la saison, vers ce palais de la Terpsychore villageoise, soit en cavalcades brillantes, soit dans ces élégantes et légères voitures qui saupoudrent de poussière les piétons philosophes. L'espoir de rencontrer là quelques femmes du beau monde et d'en être vu, l'espoir moins souvent trompé d'y voir de jeunes paysannes aussi rusées que des juges, fait voler le dimanche, au bal de Sceaux, de nombreux essaims de clercs d'avoué, de disciples d'Esculape et de jeunes gens dont le teint blanc et la fraîcheur sont entretenus par l'air humide des arrière-boutiques parisiennes. Aussi nombre de mariages bourgeois ont commencé aux sons de l'orchestre qui occupe le centre de cette salle circulaire, et si le toit pouvait parler, que d'amours ne raconterait-il pas? Cette intéressante mêlée rend le bal de Sceaux plus piquant que deux ou trois autres bals des environs de Paris, sur lesquels il a l'avantage inappréciable de sa rotonde, du site et de la beauté de son jardin.

Emilie fut la première à manifester le désir d'aller *faire peuple* à ce joyeux bal de l'arrondissement. Elle ne se promettait pas peu de plaisir à se trouver au milieu de cette assemblée. C'était la première fois qu'elle désirait errer au sein d'une telle cohue. On sait que l'incognito est un plaisir très vif pour les grands. Mademoiselle de Fontaine se plaisait donc à se figurer d'avance toutes ces tournures citadines. Elle se voyait laissant dans plus d'un cœur bourgeois le souvenir d'un regard et d'un sourire enchanteurs. Elle riait déjà des danseuses à prétentions, et taillait ses crayons pour les scènes dont elle comptait enrichir les pages de son album.

Le dimanche n'arriva jamais au gré de son impatience. La société du pavillon Bonneval se mit en route à pied, afin de ne pas commettre d'indiscrétion sur le rang des personnages qui allaient honorer le bal de leur présence. On avait dîné de bonne heure, et, pour comble de plaisir, le mois de mai favorisa cette escapade aristocratique par la plus belle de ses soirées. Mademoiselle de Fontaine resta toute surprise de trouver, sous la rotonde, aussi bonne compagnie que celle dont quelques quadrilles étaient composés. Elle reconnut bien çà et là des jeunes gens qui avaient employé les économies d'un mois pour briller pendant une journée, elle vit bien quelques couples dont la joie trop franche n'accusait rien de conjugal, mais elle n'eut qu'à glaner au lieu de récolter. Elle s'étonna de voir le plaisir habillé de percale ressembler si fort au plaisir revêtu de satin, et la bourgeoisie danser avec autant de grâce que la noblesse, quelquefois mieux. La plupart des toilettes étaient simples, mais bien portées.

Enfin les députés qui, dans cette assemblée, représentaient les suzerains du territoire, c'est-à-dire les paysans, se tenaient avec une incroyable politesse dans leur coin. Il fallut même à mademoiselle Émilie une certaine étude des divers élémens qui composaient cette réunion avant qu'elle pût y trouver un sujet de plaisanterie. Mais elle n'eut ni le temps de se livrer à ses malicieuses critiques, ni le loisir d'entendre beaucoup de ces propos interrompus que Charlet, Henri Monnier et l'observateur recueillent avec tant de délices.

L'orgueilleuse créature rencontra subitement dans ce vaste champ, une fleur, la métaphore est de saison, dont l'éclat et les couleurs agirent sur son imagination avec tout le prestige d'une nouveauté. Il nous arrive souvent de regarder une robe, une tenture, un papier blanc avec assez de distraction pour n'y pas apercevoir sur-le-champ une tache ou quelque point brillant, qui plus tard frappent tout-à-coup notre œil comme s'ils y survenaient à l'instant seulement où nous les voyons. Ce fut par une espèce de phénomène moral assez semblable à celui-là, que mademoiselle de Fontaine reconnut, dans le jeune homme qui s'offrait à ses regards, le type de toutes les perfections extérieures qu'elle rêvait depuis si long-temps.

En ce moment elle était assise sur une de ces chaises grossières qui décrivaient l'enceinte obligée de la salle, et elle s'était placée à l'extrémité du groupe formé par sa famille, afin de pouvoir se lever ou s'avancer suivant ses fantaisies. Elle en agissait effectivement avec les tableaux offerts par cette salle comme si c'eût été une exposition du musée, braquant avec impertinence son lorgnon sur une figure qui se trouvait à deux pas d'elle, et faisant ses réflexions comme si elle eût critiqué ou loué une tête d'étude, une scène de genre. Ses regards, après avoir erré sur cette vaste toile animée, furent tout-à-coup saisis (cette expression rendra mieux l'effet) par une figure qui semblait avoir été mise exprès dans un coin du tableau, sous le plus beau jour, comme un personnage hors de toute proportion avec le reste. Émilie s'étonna d'avoir remarqué si tard cet inconnu.

Il était grand, rêveur et solitaire. Légèrement appuyé sur une des colonnes qui supportent le toit, il avait les bras croisés et se tenait gracieusement penché comme s'il se fût placé là pour permettre à un peintre de faire son portrait. Mais cette attitude distinguée, pleine d'élégance et de fierté, n'avait rien de forcé : c'était chez lui une pose sans affectation. Aucun geste ne démontrait qu'il eût mis sa face de trois quart et qu'il eût faiblement incliné sa tête à droite, comme Alexandre, lord Byron, et quelques autres grands génies, dans le seul but d'attirer sur lui l'attention. Son regard fixe et immobile paraissait suivre une danseuse, et prouvait qu'il était absorbé par cette contemplation. De beaux cheveux noirs se bouclaient naturellement sur son front élevé. Une de ses mains tenait à la fois son chapeau et une petite cravache. Enfin l'inconnu avait cette taille svelte et dégagée qui rappelle à la mémoire les belles proportions de l'Apollon.

En un seul coup-d'œil mademoiselle de Fontaine remarqua l'extrême finesse de son linge, la fraîcheur de ses gants de daim sortis des ateliers de Walker, et la petitesse d'un pied merveilleusement chaussé dans une botte du cuir le plus fin. Il n'avait sur lui aucun de ces ignobles brimborions dont se chargent les anciens petits-maîtres de la garde nationale, ou les Adonis de comptoir. Seulement un ruban noir auquel était suspendu son lorgnon flottait sur un gilet d'une blancheur irréprochable.

Jamais la difficile Émilie n'avait vu les yeux d'un homme ombragés par des cils aussi longs et aussi recourbés. Sa bouche semblait toujours prête à sourire et à relever les coins de deux lèvres éloquentes ; mais cette disposition n'annonçait pas de gaieté. C'était plutôt une sorte de grâce triste. La mélancolie et la passion respiraient dans cette figure d'un teint olivâtre et mâle.

L'observateur le plus rigide n'aurait pu s'empêcher de penser, en voyant l'inconnu, que c'était un homme de talent attiré de sa région supérieure à cette fête de village par un intérêt puissant. Il y avait trop d'avenir dans cette tête, trop de distinction dans sa personne, pour qu'on pût en dire : — Voilà un bel homme, ou un joli homme. C'était un de ces personnages qu'on désire connaître.

Cette masse d'observations ne coûta guère à Émilie que deux minutes d'attention, pendant laquelle cet homme privilégié fut soumis à une analyse sévère, et après laquelle il devint l'objet d'une silencieuse et secrète admiration. Elle ne se dit pas : — Il faut qu'il soit pair de France! mais — Oh ! s'il est noble, et il doit l'être....

Elle n'acheva pas sa pensée, et se levant tout-à-coup, elle alla, suivie de son frère le lieutenant général, jusqu'à cette colonne en paraissant regarder avec une merveilleuse attention les joyeux quadrilles; mais, par un artifice d'optique familier à plus d'une dame, elle ne perdait pas un seul des mouvemens du jeune homme dont elle s'approcha. Lorsqu'elle fut auprès de lui, il s'éloigna poliment, comme pour céder la place aux deux survenans, et il alla, près de là, s'appuyer sur une autre colonne.

La capricieuse jeune fille fut aussi piquée de la politesse de l'étranger qu'elle l'eût été d'une impertinence; et alors, dans son dépit, elle se mit à causer avec son frère en élevant la voix beaucoup plus que le bon ton ne le permettait. Elle prit des airs de tête, fit des gestes gracieux, et rit sans trop en avoir sujet, moins pour amuser son frère, que pour attirer l'attention de l'imperturbable inconnu.

Aucun de ces petits artifices ne réussit. Alors mademoiselle de Fontaine, suivant des yeux la direction que prenaient les regards du jeune homme, aperçut la cause de cette insouciance apparente.

Au milieu du quadrille qui se trouvait devant elle, dansait une jeune personne charmante, simple, pâle, et semblable à ces déités écossaises que Girodet a placées dans son immense composition des guerriers français reçus par Ossian. Émilie crut reconnaître en elle une jeune vicomtesse anglaise qui était venue habiter depuis peu une campagne voisine.

Elle avait pour cavalier un jeune homme de quinze ans, aux mains rouges, en pantalon de nankin, en habit bleu, en souliers blancs. Il était facile de voir que son amour pour la danse ne la rendait pas difficile sur le choix de ses partners. Ses mouvemens ne se ressentaient pas de son apparente faiblesse ; mais une rougeur légère colorait déjà ses joues blanches, et son teint commençait à s'animer.

Mademoiselle de Fontaine s'approcha du quadrille pour pouvoir examiner l'étrangère au moment où elle reviendrait à sa place, pendant que les vis-à-vis répéteraient la figure qu'elle exécutait alors. Lorsque Émilie commença cet examen, elle vit l'inconnu s'avancer, se pencher vers la jolie danseuse, et elle put entendre distinctement ces paroles, quoiqu'elles fussent prononcées d'une voix à la fois impérieuse et douce :

— Clara, je ne veux plus que vous dansiez.

Clara fit une petite moue boudeuse, mais elle inclina la tête en signe d'obéissance et finit par sourire.

Après la contredanse, le jeune homme prit toutes les précautions d'un amant, en mettant sur les épaules de la jeune fille un schall de cachemire, et il la fit asseoir de manière à ce qu'elle fût à l'abri du vent.

Puis bientôt mademoiselle de Fontaine les vit se lever et se promener autour de l'enceinte comme des gens disposés à partir.

La curieuse Émilie trouva le moyen de les

suivre sous le prétexte d'admirer les points de vue du jardin, et son frère se prêta avec une malicieuse bonhomie aux caprices d'une marche assez vagabonde. Mademoiselle de Fontaine put voir les deux inconnus monter dans un élégant tilbury que gardait un domestique à cheval et en livrée. Au moment où le jeune homme fut assis et tâcha de rendre les guides égales, elle obtint d'abord de lui un de ces regards qu'on jette sans but sur les grandes foules, mais elle eut la faible satisfaction de le voir retourner la tête à deux reprises différentes, et la jeune inconnue l'imita, par jalousie peut-être.

— Je présume que tu as maintenant assez vu le jardin, lui dit son frère, et que nous pouvons retourner à la danse.

— Je le veux bien, dit-elle. Je suis sûre que c'est la vicomtesse Abergaveny... J'ai reconnu sa livrée.

Le lendemain, mademoiselle de Fontaine manifesta le désir de faire une promenade à cheval. Insensiblement elle accoutuma son vieil oncle et ses frères à l'accompagner dans certaines courses matinales, très salutaires, disait-elle, pour sa santé. Elle affectionnait singulièrement les maisons du village habité par la vicomtesse ; mais, malgré ses manœuvres de cavalerie, elle ne rencontra pas l'inconnu aussi promptement que la joyeuse recherche à laquelle elle se livrait pouvait le lui faire espérer.

Elle retourna plusieurs fois au bal de Sceaux, sans pouvoir y rencontrer le jeune homme qui était venu tout-à-coup dominer ses rêves et les embellir. Quoique rien n'aiguillonne plus le naissant amour d'une jeune fille qu'un obstacle, il y eut cependant un moment où mademoiselle Émilie de Fontaine fut sur le point d'abandonner son étrange et secrète poursuite ; car elle désespéra presque du succès d'une entreprise dont la singularité peut donner une idée de la hardiesse de son caractère.

Elle aurait pu en effet tourner long-temps autour du village de Châtenay sans revoir son inconnu, car la jeune Clara, puisque tel est le nom que mademoiselle de Fontaine avait entendu, n'était ni vicomtesse, ni Anglaise, et l'étranger n'habitait pas plus qu'elle les bosquets fleuris et embaumés de Châtenay.

Un soir, Emilie était sortie à cheval avec son oncle, qui depuis les beaux jours avait obtenu de sa goutte une assez longue cessation d'hostilités, ils rencontrèrent la calèche de la vicomtesse. Cette fois c'était bien l'étrangère. Elle avait pour compagnon un gentlemen très prude et très élégant dont la fraîcheur et le coloris, dignes d'une jeune fille, n'annonçaient pas plus la pureté du cœur qu'une brillante toilette n'est un indice de fortune. Hélas! les deux étrangers n'avaient rien dans leurs traits ou dans leur contenance qui pût ressembler aux deux séduisans portraits que l'amour et la jalousie avaient gravés dans la mémoire d'Emilie. Elle tourna bride sur-le-champ avec le dépit d'une femme frustrée dans son attente. Son oncle eut toutes les peines du monde à la suivre tant elle faisait galoper son petit cheval avec rapidité.

— Apparemment que je suis devenu trop vieux pour comprendre ces esprits de vingt ans, se dit le marin en mettant son cheval au galop, ou peut-être la jeunesse d'aujourd'hui ne ressemble-t-elle plus à celle d'autrefois... J'étais cependant un fin voilier, et j'ai toujours bien su prendre le vent. Mais qu'a donc ma nièce? La voilà maintenant qui marche à petits pas comme un gendarme en patrouille la nuit dans les rues de Paris. Ne dirait-on pas qu'elle veut cerner ce brave bourgeois qui m'a l'air d'un auteur rêvassant à ses poésies, car il a, je crois, un *souvenir* en main. Je suis par ma foi un grand sot! c'est peut-être le jeune homme en quête duquel nous sommes.

En achevant cette pensée le vieux marin fit marcher tout doucement son cheval sur le sable, de manière à pouvoir arriver sans bruit auprès de sa nièce. L'ancien voltigeur avait fait trop de noirceurs dans les années 1771 et suivantes, époque de nos annales où la galanterie était en honneur, pour ne pas deviner sur-le-champ qu'Emilie avait, par le plus grand hasard, rencontré l'inconnu du bal de Sceaux. Malgré le voile que l'âge répandait sur ses yeux gris, le comte de Kergarouët sut reconnaître les indices d'une agitation extraordinaire chez sa nièce, en dépit de l'immobilité qu'elle essayait d'imprimer à son visage. Les yeux perçans de la jeune demoiselle étaient fixés avec une sorte de stupeur sur l'étranger qui marchait paisiblement devant elle.

— C'est bien cela! se dit la marin, elle va le suivre comme un vaisseau marchand suit un corsaire dont il a peur. — Puis, quand il ne sera plus là, qu'elle l'aura vu s'éloigner, elle sera au désespoir de ne pas savoir qui elle aime, et d'ignorer si c'est un marquis ou un bourgeois. Vraiment les jeunes têtes devraient toujours avoir une vieille perruque comme moi avec elles...

Alors le marin poussa tout-à-coup son cheval à l'improviste, de manière à faire partir celui de sa nièce; mais, passant entre elle et le jeune promeneur, il le serra de si près qu'il le força de se jeter sur le talus de verdure dont le chemin était encaissé. Arrêtant aussitôt son cheval, le comte, tout en colère, s'écria :

— Ne pouviez-vous pas vous ranger?

— Ah! pardon, monsieur! répondit l'inconnu. J'oubliais que c'était à moi de vous faire des excuses de ce que vous m'aviez renversé.

— Eh! l'ami, reprit aigrement le marin en prenant un son de voix dont le ricanement avait quelque chose d'insultant, je suis un vieux loup de mer engravé par ici, ne vous émancipez pas avec moi, car, morbleu, j'ai la main légère !

Et en même temps le comte leva plaisamment sa cravache comme pour fouetter son cheval, mais il en toucha l'épaule de son interlocuteur.

— Ainsi, blanc-bec, ajouta-t-il, que l'on soit sage en bas de la cale.

Le jeune homme, irrité, gravit le talus de la route en entendant ce sarcasme. Il se croisa les bras et répondit d'un ton fort ému :

— Monsieur, je ne puis croire en voyant vos cheveux blancs, que vous vous amusiez encore à chercher des duels...

— Cheveux blancs !... s'écria le marin en l'interrompant, tu en as menti par ta gorge, ils ne sont que gris. Si j'ai fait la cour à vos grand-mères je n'en suis que plus habile à la faire à vos femmes, si elles en valent la peine toutefois...

Une dispute aussi bien commencée devint en quelques secondes si chaude, que le jeune adversaire oublia le ton de modération qu'il s'était efforcé de conserver ; et, au moment où le comte de Kergarouët vit sa nièce arriver à eux avec toutes les marques d'une vive inquiétude, il donnait son nom à son antagoniste, en lui disant de garder le silence devant la jeune personne confiée à ses soins.

L'inconnu ne put s'empêcher de sourire, et remit une carte au vieux marin, en lui faisant observer qu'elle donnait son adresse à Paris, mais qu'il habitait une maison de campagne à Chevreuse; puis, après la lui avoir indiquée en peu de mots, il s'éloigna rapidement.

— Vous avez manqué blesser ce pauvre pékin, ma nièce! dit le comte en s'empressant d'aller au-devant d'Emilie. Vous ne savez donc plus tenir votre cheval en bride? Vous me laissez là compromettre ma dignité pour couvrir vos folies ; tandis que si vous étiez restée, un seul de vos regards ou une de vos paroles polies, une de celles que vous dites si joliment quand vous n'êtes pas impertinente, aurait tout raccommodé, lui eussiez-vous cassé le bras.

— Eh ! mon cher oncle! c'est votre cheval, et non le mien, qui est cause de cet accident. Je crois en vérité que vous ne pouvez plus monter à cheval, vous n'êtes déjà plus si bon cavalier que vous l'étiez l'année dernière. Mais au lieu de dire des riens.....

— Diable! des riens!... Ce n'est donc rien qu'une impertinence à votre oncle?...

— Ne devrions-nous pas aller savoir si ce jeune homme est blessé?... Il boite, mon oncle : voyez donc...

— Non, il court! Ah! je l'ai rudement morigéné...

— Ah! mon oncle, c'est bien de vous!...

— Halte-là, ma nièce, dit le comte en arrêtant le cheval d'Emilie par la bride. Je ne vois pas la nécessité de faire des avances à quelque boutiquier trop heureux d'avoir été jeté à terre par une jeune fille ou un vieux marin aussi nobles que nous...

— Pourquoi croyez-vous que ce soit un roturier, mon cher oncle?... Il me semble qu'il a des manières fort distinguées...

—Tout le monde a des manières aujourd'hui, ma nièce...

— Non, mon oncle, tout le monde n'a pas l'air et la tournure que donne l'habitude des salons, et je parierais avec vous volontiers que ce jeune homme est noble.

22.

— Vous n'avez pas trop eu le temps de l'examiner...

— Mais ce n'est pas la première fois que je le vois...

— Et ce n'est pas non plus la première fois que vous le cherchez... lui répliqua le comte en riant.

Emilie rougit, et son oncle se plut à la laisser quelque temps dans l'embarras, mais à la fin il lui dit :

—Emilie, vous savez que je vous aime comme mon enfant, précisément parce que vous êtes la seule qui ayez cet orgueil légitime que nous donne une haute naissance. Corbleu ! ma petite nièce, qui aurait cru que les bons principes deviendraient si rares !... Eh bien, je veux être votre confident, ma chère petite; car je vois que ce jeune gentilhomme ne vous est pas indifférent !... Chut !.... Ils se moqueraient de nous dans la famille, si nous nous embarquions sous un faux pavillon. Tous savez ce que cela veut dire. Ainsi, laissez-moi vous aider, ma nièce. Gardons-nous tous deux le secret, et je vous promets d'amener ce brick-là sous votre feu croisé, au milieu de notre salon...

— Et quand, mon oncle?...

— Demain...

— Mais, mon cher oncle, je ne serai obligée à rien?...

— A rien du tout, et vous pourrez le bombarder, l'incendier, et le laisser là comme une vieille caraque si cela vous plaît! Ce ne sera pas le premier, n'est-ce pas?...

— Que vous êtes bon! mon oncle.

Aussitôt que le comte fut rentré, il mit ses besicles, tira secrètement la carte de sa poche, et lut : M. Maximilien Longueville, rue du Sentier.

— Soyez tranquille, ma chère nièce... dit-il à Emilie, vous pouvez le harponner en toute sécurité de conscience, il appartient à une de nos familles historiques, et s'il n'est pas pair de France, il le sera infailliblement...

— D'où savez-vous cela?...

— C'est mon secret...

— Vous connaissez donc son nom?...

Le comte inclina en silence sa tête grise, qui ressemblait assez à un vieux tronc de chêne autour duquel auraient voltigé quelques feuilles roulées par le froid de l'automne.

A ce signe, sa nièce vint essayer sur lui le pouvoir toujours neuf de ses coquetteries. Instruite dans l'art de cajoler le vieux marin, elle lui prodigua les caresses les plus enfantines, les paroles les plus tendres ; elle alla même jusqu'à l'embrasser, afin d'obtenir de lui la révélation d'un secret aussi important. Le vieillard, qui passait sa vie à faire jouer à sa nièce de ces sortes de scènes, et qui les payait souvent par le prix d'une parure, ou par l'abandon de sa loge aux Italiens, se complut cette fois à se laisser prier et surtout caresser.

Mais, comme il faisait durer ses plaisirs trop long-temps, Emilie se fâcha, passa des caresses aux sarcasmes, et bouda. Elle revint, dominée par la curiosité, et le marin diplomate obtint solennellement de sa nièce une promesse d'être à l'avenir plus réservée, plus douce, moins volontaire, de dépenser moins d'argent, et surtout de lui tout dire. Le traité conclu et signé par un baiser qu'il déposa sur le front blanc de sa nièce, il l'amena dans un coin du salon, l'assit sur ses genoux ; et, plaçant la carte sous ses deux pouces et ses doigts, de manière à la cacher, il découvrit lettre à lettre le nom de Longueville; puis, refusant obstinément d'en laisser voir davantage, il garda la carte.

Cet évènement rendit le sentiment secret de mademoiselle de Fontaine plus intense. Elle déroula pendant une grande partie de la nuit les tableaux les plus brillans des rêves dont elle avait nourri ses espérances. Enfin, grâces à ce hasard si souvent imploré, elle avait maintenant tout autre chose qu'un être de raison pour créer une source aux richesses imaginaires dont elle se plaisait à doter sa vie future.

Ignorant, comme toutes les jeunes personnes, les dangers de l'amour et du mariage, elle se passionna pour les dehors trompeurs du mariage et de l'amour. C'est dire assez que son sentiment naquit comme naissent presque tous ces caprices du premier âge, douces et cruelles erreurs qui exercent une si fatale influence sur l'existence des jeunes filles assez inexpérimentées pour ne s'en remettre qu'à elles-mêmes du soin de leur bonheur à venir.

Le lendemain matin, avant qu'Émilie fût réveillée, son oncle avait couru à Chevreuse.

En reconnaissant, dans la cour d'un élégant pavillon, le jeune homme qu'il avait si résolument insulté la veille, il alla vers lui avec cette affectueuse politesse des vieillards de l'ancienne cour.

— Eh! mon cher monsieur, qui aurait dit que je me ferais une affaire, à l'âge de soixante-treize ans, avec le fils ou le petit-fils d'un de mes meilleurs amis?... Je suis contre-amiral, monsieur, c'est vous dire que je m'embarrasse aussi peu d'un duel que de fumer un cigare de la Havane... Dans mon temps, c'était une partie de plaisir, et deux jeunes gens ne pouvaient devenir intimes qu'après avoir vu la couleur de leur sang. Mais, ventre-dieu, hier, j'avais, en ma qualité de marin, embarqué un peu trop de rhum à bord, et j'ai sombré sur vous... Touchez là! J'aimerais mieux recevoir cent coups de cravache d'un Longueville que de faire le moindre mal à cette famille-là...

Telle froideur que le jeune homme se fût efforcé de marquer au comte de Kergarouët, il ne put long-temps tenir à la bonté et à la franchise de ses manières; il se laissa serrer la main. Alors le comte ajouta :

— Vous allez monter à cheval, ne vous gênez pas. Mais venez avec moi, à moins que vous n'ayez des projets, car je vous invite à dîner aujourd'hui au pavillon de Bonneval. Mon neveu, le comte de Fontaine, y sera, et c'est un homme essentiel à connaître!... Ah! je prétends, morbleu! vous dédommager de ma brusquerie en vous présentant à cinq des plus jolies femmes de Paris. Hé! hé!... jeune homme, votre front se déride!... — J'aime les jeunes gens!... j'aime à les voir heureux. Cela me rappelle les bienfaisantes années de 1771, 1772 et autres, où les aventures ne manquaient pas plus que les duels!... On était gai, alors!... Aujourd'hui, vous raisonnez, et l'on s'inquiète de tout, comme s'il n'y avait eu ni xve ni xvie siècle !...

— Mais, monsieur, nous avons, je crois, raison, car le xvie siècle n'a donné que la liberté religieuse à l'Europe, et le xixe...

— Ah! ne parlons pas politique... Je suis ultrà, voyez-vous. Mais je n'empêche pas les jeunes gens d'être révolutionnaires, pourvu qu'ils me laissent la liberté de serrer ma petite queue à la Frédéric dans son ruban noir...

A quelques pas de là, lorsque le comte et son jeune compagnon furent au milieu des bois, le marin, avisant un jeune bouleau assez mince, arrêta son cheval; et, prenant un de ses pistolets, il en logea la balle au milieu de l'arbre, à quinze pas de distance.

— Vous voyez, mon brave, que je ne crains pas un duel! dit-il avec une gravité comique, en regardant M. Longueville.

— Ni moi non plus, reprit ce dernier, qui, ayant armé promptement son pistolet, visa le trou fait par la balle du comte, et ne plaça pas la sienne très loin de ce but.

— Voilà ce qui s'appelle un jeune homme bien élevé!... s'écria le marin avec une sorte d'enthousiasme.

Alors pendant la promenade qu'il fit avec celui qu'il regardait déjà comme son neveu, il trouva mille occasions de l'interroger sur toutes les bagatelles dont la parfaite connaissance constituait, selon son code particulier, un gentilhomme accompli.

— Avez-vous des dettes?... demanda-t-il enfin à son compagnon après bien des questions.

— Non, monsieur.

—Comment! vous payez tout ce qui vous est fourni?.....

— Exactement, monsieur, autrement nous perdrions tout crédit et toute espèce de considération.

— Mais au moins vous avez plus d'une maîtresse?... Ah! vous rougissez!... Ventre-dieu, mon camarade, les mœurs ont bien changé! Avec ces idées d'ordre légal, de kantisme et de liberté, la jeunesse s'est gâtée. Vous n'avez ni Guimard, ni Duthé, ni créanciers, et vous ne savez pas le blason : mais, mon jeune ami, vous n'êtes pas *élevé !*.... Sachez que celui qui ne fait pas ses folies au printemps les fait en hiver. Mais ventre-dieu! si j'ai eu 80,000 livres de rente à soixante-dix ans, c'est que j'en avais mangé le double à trente ans. Néanmoins vos imperfections ne m'empêcheront pas de vous annoncer au pavillon Bonneval. Songez que vous m'avez promis d'y venir, et je vous y attends...

— Quel singulier petit vieillard!... se dit le jeune Longueville; il est vert comme un pré; mais tout bonhomme qu'il peut paraître, je ne m'y fierai pas. J'irai au pavillon Bonneval, parce qu'il y a de jolies femmes, dit-on, mais y rester à dîner, il faudrait être fou !

Le lendemain, sur les quatre heures, au moment où toute la compagnie était éparse dans le salon ou au billard, un domestique annonça aux habitans du pavillon de Bonneval : —M. *de* Longueville.

Au nom du personnage dont le vieux comte de Kergarouët avait entretenu la famille, tout le monde, jusqu'au joueur qui allait faire une bille, accourut, autant pour observer la contenance de mademoiselle de Fontaine, que pour juger le phénix humain qui avait mérité une mention honorable au détriment de tant de rivaux.

Une mise aussi élégante que simple, des manières pleines d'aisance, des formes polies, une voix douce et d'un timbre qui faisait vibrer les cordes du cœur, concilièrent à M. Longueville la bienveillance de toute la famille. Il ne sembla pas étranger au luxe oriental de la demeure du fastueux receveur général. Quoique sa conversation fût celle d'un homme du monde, chacun put facilement deviner qu'il avait reçu la plus brillante éducation et que ses connaissances étaient aussi solides qu'étendues.

Il trouva si bien le mot propre dans une discussion assez légère suscitée par le vieux marin, sur les constructions navales, qu'une dame lui fit observer qu'il semblait être sorti de l'Ecole Polytechnique.

— Je crois, madame, répondit-il, qu'on peut regarder comme un titre de gloire d'y avoir été élève.

Malgré toutes les instances qui lui furent faites, il se refusa avec politesse, mais avec fermeté, au désir qu'on lui témoigna de le garder à dîner, et il arrêta les observations des dames en disant qu'il était l'Hippocrate d'une jeune sœur dont la santé très délicate exigeait beaucoup de soins.

— Monsieur est sans doute médecin?... demanda avec ironie une des belles-sœurs d'Émilie.

— Monsieur est sorti de l'Ecole Polytechnique! répondit avec bonté mademoiselle de Fontaine, dont la figure s'anima des teintes les plus riches, au moment où elle apprit que la jeune fille du bal était la sœur de M. Longueville.

— Mais, ma chère, on peut être médecin et avoir été à l'Ecole Polytechnique, n'est-ce pas, monsieur ?

— Madame, répondit le jeune homme, rien ne s'y oppose.

Tous les yeux se portèrent sur Emilie, qui regardait alors avec une sorte de curiosité inquiète le séduisant inconnu. Elle respira plus librement quand elle l'entendit ajouter en souriant :

— Je n'ai pas l'honneur d'être médecin, madame, et j'ai même renoncé à entrer dans le service des ponts-et-chaussées afin de conserver toute mon indépendance.

— Et vous avez bien fait, dit le comte. Mais comment pouvez-vous regarder comme un honneur d'être médecin ?..... ajouta le noble Breton. Ah ! mon jeune ami, pour un homme comme vous !....

—Monsieur le comte, je respecte infiniment toutes les professions qui ont un but d'utilité.

—Eh ! nous sommes d'accord ! — Vous respectez ces professions-là, j'imagine, comme un jeune homme respecte une douairière.

La visite de M. Longueville ne fut ni trop longue, ni trop courte. Il se retira au moment où il s'aperçut qu'il avait plu à tout le monde, et que la curiosité de chacun s'était éveillée sur son compte.

— C'est un rusé compère! dit le comte en rentrant au salon, après l'avoir reconduit.

Mademoiselle de Fontaine, qui seule était dans le secret de cette visite, avait fait une toilette assez recherchée pour attirer les regards du jeune homme ; mais elle eut le petit chagrin de voir qu'il ne fit pas à elle autant d'attention qu'elle croyait en mériter. La famille fut assez surprise du silence dans lequel elle se renferma. En effet, Émilie était habituée à déployer pour les nouveau venus tous les trésors de sa coquetterie, toutes les ruses de son babil spirituel, et l'inépuisable éloquence de ses regards et de ses attitudes. Soit que la voix mélodieuse du jeune homme et l'attrait de ses manières l'eussent charmée ; ou même qu'elle aimât sérieusement, et que ce sentiment eût opéré en elle un changement, son maintien perdit en cette occasion toute affectation. Devenue simple et naturelle, elle dut sans doute paraître plus belle. Quelques unes de ses sœurs et une vieille dame amie de la famille, pensèrent que c'était un raffinement de coquetterie. Elles supposèrent que, jugeant le jeune homme digne d'elle, Émilie se proposait peut-être de ne se montrer que lentement, afin de l'éblouir tout-à-coup, au moment où elle lui aurait plu.

Toutes les personnes de la famille étaient curieuses de savoir ce que cette capricieuse fille pensait de ce gracieux jeune homme. Mais lorsque, pendant le dîner, chacun prit plaisir à doter M. Longueville d'une qualité nouvelle, en prétendant l'avoir découverte, grâce à une observation que personne n'avait faite, mademoiselle de Fontaine resta muette pendant quelque temps.

Mais tout-à-coup un léger sarcasme de son oncle la réveilla de son apathie. Elle dit d'une manière assez épigrammatique que cette perfection céleste devait couvrir quelque grand défaut, et qu'elle se garderait bien de juger à la première vue un homme qui paraissait être aussi habile. Elle ajouta que ceux qui plaisaient ainsi à tout le monde ne plaisaient à personne, et que le pire de tous les défauts était de n'en avoir aucun.

Comme toutes les jeunes filles qui aiment, elle caressait l'espérance de pouvoir cacher son sentiment au fond de son cœur en donnant le change aux Argus dont elle était entourée; mais, au bout d'une quinzaine de jours, il n'y eut pas un des membres de cette nombreuse famille qui ne fût initié dans ce petit secret domestique.

Émilie crut apercevoir, à la troisième visite faite par M. Longueville, qu'elle en avait été le sujet. Cette découverte lui causa un plaisir si enivrant qu'elle l'étonna quand elle put réfléchir. Il y avait là quelque chose de pénible pour son orgueil. Habituée à se faire le centre du monde, elle était obligée de reconnaître une force qui l'attirait hors d'elle-même. Elle essaya de se révolter, mais elle ne put chasser de son cœur l'élégante image du jeune homme. Puis vinrent bientôt des inquiétudes.

En effet, deux qualités de M. Longueville, très contraires à la curiosité générale, et surtout à celle de mademoiselle de Fontaine, étaient une discrétion et une modestie incroyables. Il ne parlait jamais ni de lui, ni de ses occupations, ni de sa famille. Les finesses dont Émilie semait sa conversation et les piéges qu'elle y tendait pour se faire donner par ce jeune homme des détails sur lui-même étaient tous inutiles. Son amour-propre la rendait avide de révélations. Parlait-elle peinture? M. Longueville répondait en connaisseur. Faisait-elle de la musique? Le jeune homme prouvait sans fatuité qu'il était assez fort sur le piano. Un soir, il avait enchanté toute la compagnie, lorsque sa voix délicieuse s'unit à celle d'Émilie dans un des plus beaux duos de Cimarosa. Mais, quand on essaya de s'informer s'il était artiste, il plaisanta avec tant de grâce, qu'il ne laissa pas aux femmes, et même aux plus exercées dans l'art de deviner les sentimens, la possibilité de décider ce qu'il était réellement. Avec quelque courage que le vieil oncle jetât le grappin sur ce bâtiment, Longueville s'esquivait avec tant de souplesse, qu'il sut conserver tout le charme du mystère. Il lui fut d'autant plus facile de rester *le bel inconnu* au pavillon Bonneval, que la curiosité n'y excédait pas les bornes de la politesse.

Alors Émilie, que cette réserve tourmentait, espéra tirer meilleur parti de la sœur que du frère pour ces sortes de confidences. Secondée par son oncle, qui s'entendait aussi bien à cette manœuvre qu'à celle d'un bâtiment, elle essaya de mettre en scène le personnage jusqu'alors muet de mademoiselle Clara Longueville. La société du pavillon Bonneval manifesta bientôt le plus grand désir de connaître une aussi aimable personne, et de lui procurer quelque distraction. Un bal sans cérémonie fut proposé et accepté.

Les dames ne désespérèrent pas complètement de faire parler une jeune fille de seize ans.

Malgré ces petits nuages amoncelés par ces mystères et créés par la curiosité, un jour éclatant éclairait la vie de mademoiselle de Fontaine. Elle jouissait délicieusement de l'existence depuis qu'elle la rapportait à un autre qu'à elle. Elle commençait à concevoir les rapports sociaux. Soit que le bonheur nous ende meilleurs, soit qu'elle fût trop occupée pour tourmenter les autres, elle devint moins caustique, plus indulgente, plus douce ; et le changement de son caractère enchanta sa famille étonnée. Peut-être, après tout, son amour allait-il être plus tard un égoïsme à deux.

Attendre l'arrivée de son timide et secret adorateur, était une joie céleste. Sans qu'un seul mot d'amour eût été prononcé entre eux, elle savait qu'elle était aimée, et avec quel art ne se plaisait-elle pas à faire déployer au jeune inconnu tous les trésors de son instruction ! Elle s'aperçut qu'elle en était observée avec soin, et alors elle essaya de vaincre tous les défauts que son éducation avait laissés croître en elle. C'était déjà un premier hommage rendu à l'amour, et un reproche cruel qu'elle s'adressait à elle-même. Elle voulait plaire, elle enchanta ; elle aimait, elle fut idolâtrée.

Sa famille sachant qu'elle était puissamment gardée par son orgueil, lui donnait assez de liberté pour qu'elle pût savourer toutes ces petites félicités enfantines qui donnent tant de charme et de violence aux premières amours. Plus d'une fois le jeune homme et mademoiselle de Fontaine se mirent à errer dans les allées d'un parc assez vaste où la nature était parée comme une femme qui va au bal. Plus d'une fois, ils eurent de ces entretiens sans but et sans physionomie dont les phrases les plus vides de sens sont celles qui cachent le plus de sentimens. Ils admirèrent souvent ensemble le soleil couchant et ses riches couleurs; cueillirent des marguerites, pour les effeuiller; et chantèrent les duos les plus passionnés, en se servant des notes rassemblées par Pergolèse ou Boïeldieu, comme de truchemens fidèles pour exprimer leurs secrets.

Le jour du bal arriva. Clara Longueville et son frère, que les valets s'obstinaient à décorer de la noble particule, en furent les plus beaux ornemens; et, pour la première fois de sa vie, mademoiselle de Fontaine vit le triomphe d'une jeune fille avec plaisir. Elle prodigua sincèrement à Clara ces caresses gracieuses et ces petits soins que les femmes ne se rendent ordinairement entre elles que pour exciter la jalousie des hommes. Mais Émilie avait un but, elle voulait surprendre des secrets. Mademoiselle Longueville montra plus de réserve encore que son frère. Elle déploya même en sa qualité de fille, plus de finesse et d'esprit que lui ; car elle n'eut pas même l'air d'être discrète ; mais elle eut soin de tenir la conversation sur des sujets étrangers à tout intérêt individuel, et sut l'empreindre d'un si grand charme, que mademoiselle de Fontaine en conçut une sorte d'envie, et surnomma Clara la sirène.

Émilie avait formé le dessein de faire causer Clara, ce fut Clara qui interrogea Émilie. Elle voulait la juger, elle en fut jugée. Elle se dépita souvent d'avoir laissé percer son caractère dans quelques réponses que lui arracha malicieusement Clara, dont l'air modeste et candide éloignait tout soupçon de perfidie.

Il y eut un moment où mademoiselle de Fontaine parut fâchée d'avoir fait contre les roturiers une imprudente sortie provoquée par Clara.

— Mademoiselle, lui dit cette charmante créature, j'ai tant entendu parler de vous par Maximilien, que j'avais le plus vif désir de vous connaître par attachement pour lui ; mais vouloir vous connaître, c'est vouloir vous aimer.

— Ma chère Clara, j'avais peur de vous déplaire en parlant ainsi de ceux qui ne sont pas nobles.

— Oh! rassurez-vous. Aujourd'hui, ces sortes de discussions sont sans objet, et, quant à moi, elles ne m'atteignent pas. Je suis en dehors de la question.

Tout ambitieuse que fût cette réponse, mademoiselle de Fontaine en ressentit une joie profonde; car, semblable à tous les gens passionnés, elle l'expliqua comme s'expliquent les oracles, dans le sens qui s'accordait avec ses désirs. Alors elle s'élança à la danse, plus joyeuse que jamais; et, en regardant M. Longueville, dont les formes et l'élégance surpassaient peut-être celles de son type imaginaire, elle ressentit une satisfaction de plus en songeant qu'il était noble. Ses yeux noirs scintillèrent, et elle dansa avec tout le plaisir qu'on trouve à ce mystérieux dédale de pas et de mouvemens en présence de celui qu'on aime. Jamais ils ne s'entendirent mieux qu'en ce moment; et plus d'une fois ils sentirent le bout de leurs doigts frémir et trembler, lorsque les lois de la contredanse leur imposèrent la douce tâche de les effleurer.

Les deux amans atteignirent le commencement de l'automne, au milieu des fêtes et des plaisirs de la campagne, en se laissant doucement abandonner au courant du sentiment le plus doux de la vie, et en lui permettant de se fortifier par mille petits accidens que chacun peut imaginer, car les amours se ressemblent toujours en quelques points. Ils s'étudiaient autant que l'on peut s'étudier quand on aime.

— Enfin, disait le vieil oncle qui suivait les deux jeunes gens de l'œil, comme un naturaliste examine un insecte au microscope, jamais affaire n'a si vite tourné en mariage d'inclination.

Ce mot effraya M. et madame de Fontaine. Le vieux Vendéen cessa d'être aussi indifférent au mariage de sa fille qu'il avait naguère promis de l'être. Il alla chercher à Paris des renseignemens qu'il n'y trouva pas. Inquiet de ce mystère, et ne sachant pas encore quel serait le résultat de l'enquête qu'il avait prié un administrateur parisien de lui faire sur la famille Longueville, il crut devoir avertir sa fille de se conduire prudemment. L'observation paternelle fut reçue avec une feinte obéissance pleine d'ironie.

— Au moins, ma chère Emilie, si vous l'aimez, ne le lui avouez pas....

— Mon père, il est vrai que je l'aime, mais j'attendrai pour le lui dire que vous me le permettiez.

— Cependant, Emilie, songez que vous ignorez encore quelle est sa famille, son état.

— Si je l'ignore, c'est que je le veux bien. Mais, mon père, vous avez souhaité me voir mariée, vous m'avez donné la liberté de faire un choix ; le mien est fait irrévocablement. Que faut-il de plus ?

— Il faut savoir, ma chère enfant, si celui que tu as choisi est fils d'un pair de France... répondit ironiquement le vénérable gentilhomme.

Émilie resta un moment silencieuse; mais relevant bientôt la tête, elle regarda son père, en lui disant avec une sorte d'inquiétude :

— Est-ce que les Longueville.....?

— Sont éteints en la personne du vieux duc qui a péri sur l'échafaud en 1793. Il était le dernier rejeton de la dernière branche cadette........

— Mais, mon père, il y a de fort bonnes

maisons issues de bâtards......... L'histoire de France est pleine de princes qui mettaient des barres à leurs écus.

— Tes idées ont bien changé! dit le vieux gentilhomme en souriant.

Le lendemain était le dernier jour que la famille de M. de Fontaine dût passer au pavillon Bonneval. Émilie, que l'avis de son père avait fortement inquiétée, attendit avec une vive impatience l'heure à laquelle M. Longueville avait l'habitude de venir, afin d'obtenir de lui une explication.

Elle sortit après le dîner et alla errer dans le parc; car elle savait que l'empressé jeune homme viendrait la surprendre au sein du bosquet sombre où ils causaient souvent. Aussi ce fut de ce côté qu'elle se dirigea en songeant à la manière dont elle s'y prendrait pour réussir à surprendre un secret si important sans se compromettre. C'était chose difficile.

En effet, jusqu'à présent, aucun aveu direct n'avait sanctionné le sentiment qui l'unissait à M. Longueville. Elle avait secrètement joui, comme lui, de la douceur d'un premier amour;

mais aussi fiers l'un que l'autre, il semblait
que chacun d'eux craignît de s'avouer qu'il
aimât.

Maximilien Longueville, à qui Clara avait
inspiré des soupçons qui n'étaient pas sans
fondement sur le caractère d'Émilie, se trouvait à chaque instant emporté par la violence
d'une passion de jeune homme, et retenu par
le désir de connaître et d'éprouver la femme
à laquelle il devait confier tout son avenir et
le bonheur de sa vie. Il ne voulait essayer de
combattre les préjugés qui gâtaient le caractère
d'Émilie, préjugés que son amour ne l'avait
pas empêché de reconnaître en elle, qu'après
s'être assuré qu'il en était aimé, car il ne voulait pas plus hasarder le sort de son amour
que celui de sa vie entière. Alors il s'était
constamment tenu dans un silence que ses
regards, son attitude et ses moindres actions
démentaient.

De l'autre côté, la fierté naturelle à une
jeune fille, encore augmentée chez mademoiselle de Fontaine par la sotte vanité que lui
donnaient sa naissance et sa beauté, l'empêchait d'aller au-devant d'une déclaration

qu'une passion croissante lui persuadait quelquefois de solliciter.

Aussi les deux amans avaient instinctivement compris leur situation sans s'expliquer leurs secrets motifs ; car il y a des momens de la vie où le vague plaît à de jeunes âmes : et par cela même que l'un et l'autre avaient trop tardé de parler, ils semblaient tous deux se faire un jeu cruel de leur attente, l'un cherchant à découvrir s'il était aimé par l'effort que coûterait un aveu à son orgueilleuse maîtresse ; et l'autre, espérant de voir rompre à tout moment un trop respectueux silence.

Mademoiselle de Fontaine s'était assise sur un banc rustique, et songeait à tous les évènemens qui venaient de se passer. Chaque jour de ces trois mois lui semblait être le brillant pétale d'une fleur radieuse et embaumée. Les craintes de son père étaient les dernières dont son âme pouvait être atteinte. Elle en fit même justice par deux ou trois de ces réflexions de jeune fille inexpérimentée qui lui semblèrent victorieuses.

Avant tout, elle convint avec elle-même qu'il était impossible qu'elle se trompât ; en effet, pendant toute une saison, elle n'avait pu apercevoir en M. Maximilien, ni un seul geste, ni une seule parole qui indiquassent une origine ou des occupations communes ; et il avait dans la discussion une habitude qui décelait un homme occupé des hauts intérêts du pays.

— D'ailleurs, se dit-elle, un homme de bureau, un financier ou un commerçant n'auraient pas eu le loisir de rester une saison entière à me faire la cour au milieu des champs et des bois, en dispensant son temps aussi libéralement qu'un noble qui a devant lui toute une vie libre de soins.

Elle était plongée dans une méditation beaucoup plus intéressante pour elle que toutes ces pensées préliminaires, quand un léger bruissement du feuillage lui annonça que depuis un moment elle était sans doute contemplée avec la plus profonde admiration.

— Savez-vous que cela est fort mal, lui dit-elle en souriant, de surprendre ainsi les jeunes filles !

— Surtout, répondit-il, lorsqu'elles sont occupées de leurs secrets.

— Pourquoi n'aurais-je pas les miens, puisque vous avez les vôtres?...

— Vous pensiez donc réellement à vos secrets? reprit-il en riant.

— Non, je songeais aux vôtres. Les miens?... je les connais...

— Mais, s'écria doucement le jeune homme en saisissant le bras de mademoiselle de Fontaine et le mettant sur le sien ; car elle s'était levée ; peut-être mes secrets sont-ils les vôtres, et vos secrets, les miens.

Ils avaient fait quelques pas et se trouvaient sous un massif d'arbres que les couleurs du couchant enveloppaient comme d'un nuage rouge et brun. Cette magie naturelle imprima une sorte de solennité à ce moment.

L'action vive et libre du jeune homme, et surtout l'agitation de son cœur bouillant dont le bras frais de la jeune fille sentait les pulsations précipitées, l'avaient jetée dans une exaltation d'autant plus puissante qu'elle n'était excitée que par les accidens les plus simples et les plus innocens. La réserve dans laquelle vivent les jeunes filles du grand monde donne une force incroyable aux explosions de leurs sentimens, et c'est un des plus grands dangers qui puisse les atteindre quand elles rencontrent un amant passionné.

Jamais les yeux d'Emilie et de Maximilien n'avaient tant parlé. En proie à cette ivresse, ils oublièrent aisément les petites stipulations de l'orgueil, de la défiance, et les froides considérations de leur raison. Ils ne purent même s'exprimer d'abord que par un serrement de main qui servit d'interprète à leurs joies et à leurs pensées.

— Monsieur, dit en tremblant et d'une voix émue mademoiselle de Fontaine après un long silence et après avoir fait quelques pas avec une certaine lenteur; j'ai une question à vous faire Mais, songez, de grâce, qu'elle m'est en quelque sorte commandée par la situation assez étrange où je me trouve vis-à-vis de ma famille.

Une pause effrayante pour Emilie succéda à ces phrases qu'elle avait presque bégayées ; et, pendant le moment que dura le silence, cette jeune fille si fière n'osa soutenir le regard éclatant de celui qu'elle aimait, car elle avait un secret sentiment de la bassesse des mots suivans qu'elle ajouta :

— Êtes-vous noble?...

Quand ces dernières paroles furent prononcées, elle aurait voulu être au fond d'un lac.

— Mademoiselle, reprit gravement M. Longueville dont la figure s'altéra sensiblement, et qui contracta une sorte de dignité sévère, je vous promets de répondre sans détour à cette demande quand vous aurez répondu avec sincérité à celle que je vais vous faire...

Il quitta le bras de la jeune fille, qui, tout-à-coup, se crut seule dans la vie, et il lui dit :

— Dans quelle intention me questionnez-vous sur ma naissance?...

Elle demeura immobile, froide et muette.

— Mademoiselle, reprit Maximilien, n'allons pas plus loin, si nous ne nous comprenons pas. — Je vous aime!... ajouta-t-il d'un son de voix profond et attendri.

— Eh bien, reprit-il d'un air joyeux après avoir entendu l'exclamation de bonheur que la jeune fille ne put retenir, pourquoi me demander si je suis noble?...

— Parlerait-il ainsi s'il ne l'était pas?... s'écria une voix intérieure, qu'Emilie crut sortie du fond de son cœur. Elle releva gracieusement la tête, sembla puiser une nouvelle vie dans le regard du jeune homme, et lui tendit le bras comme pour faire une nouvelle alliance.

— Vous avez cru que je tenais beaucoup à des dignités ? demanda-t-elle avec une finesse malicieuse.

— Je n'ai pas de titres à offrir à ma femme ! répondit-il d'un air moitié gai, moitié sérieux. Mais si je la prends dans un haut rang et parmi celles que leur fortune a habituées au luxe et aux plaisirs de l'opulence, je sais à quoi un tel choix m'oblige. L'amour donne tout, ajouta-t-il avec gaieté, mais aux amans seulement. Quant aux époux, il leur faut un peu plus que le dôme du ciel, des fruits et le tapis des prairies.

— Il est riche, se dit-elle. Quant aux titres, il veut peut-être m'éprouver !... On lui aura dit que j'étais entichée de noblesse, et que je n'avais voulu épouser qu'un pair de France. Ce sont mes bégueules de sœurs qui m'auront joué ce tour-là.

— Je vous assure, monsieur, que j'ai eu des idées bien exagérées sur la vie et le monde; mais aujourd'hui, dit-elle en le regardant d'une manière à le rendre fou, je sais où sont nos véritables richesses.

—J'ai besoin de croire que vous parlez à cœur ouvert, répondit-il avec une sorte de gravité douce. Mais cet hiver, ma chère Émilie, dans moins de deux mois peut-être, je serai fier de ce que je pourrai vous offrir, si vous tenez aux jouissances de la fortune. Ce sera le seul secret que je garderai là (il montra son cœur), car de sa réussite dépend mon bonheur... je n'ose dire le nôtre...

—Oh! dites, dites...

Ce fut au milieu des plus doux propos qu'ils revinrent à pas lents rejoindre la compagnie au salon. Jamais mademoiselle de Fontaine ne trouva son amant plus aimable, et aussi spirituel. Ses formes sveltes, ses manières engageantes lui semblèrent plus charmantes encore depuis une conversation qui venait en quelque sorte de lui confirmer la possession d'un cœur digne d'être envié par toutes les femmes.

Ils chantèrent un duo italien avec une expression si ravissante, que l'assemblée les applaudit avec une sorte d'enthousiasme. Leur adieu eut un accent de convention qui cachait le sentiment le plus délicieux. Enfin cette journée devint pour la jeune fille comme une chaîne qui la lia pour toujours à la destinée de ce brillant inconnu. La force et la dignité qu'il avait déployées dans la scène secrète pendant laquelle ils s'étaient révélé leurs sentimens, avaient peut-être aussi imposé à mademoiselle de Fontaine ce respect sans lequel il n'y a pas de véritable amour.

Lorsque, restée seule avec son père dans le salon, le vénérable Vendéen s'avança vers elle, lui prit affectueusement les mains, et lui demanda si elle avait acquis quelque lumière sur la fortune, l'état et la famille de M. de Longueville, elle répondit :

— Oui, mon cher et bien-aimé père, je suis plus heureuse que je ne pouvais le désirer, et M. de Longueville est le seul homme que je veuille épouser.

— C'est bien, Émilie, reprit le comte, je sais ce qui me reste à faire.

— Connaîtriez-vous quelque obstacle? demanda-t-elle avec une véritable anxiété.

— Ma chère enfant, ce jeune homme est absolument inconnu; mais, à moins que ce ne soit un malhonnête homme, du moment où tu l'aimes, il m'est aussi cher qu'un fils.

— Un malhonnête homme!... reprit Émilie; oh! je suis bien tranquille! mon oncle peut vous répondre de lui, car c'est lui qui nous l'a présenté!...

— Dites, cher oncle, a-t-il été flibustier, forban, corsaire?...

— Bon! je savais bien que j'allais me trouver là, s'écria le vieux marin en se réveillant.

Il regarda dans le salon; mais sa nièce avait disparu comme un feu Saint-Elme, pour se servir de son expression habituelle.

— Eh bien! mon oncle, reprit M. de Fontaine, comment avez-vous pu nous cacher tout ce que vous saviez sur ce jeune homme? Vous avez cependant dû vous apercevoir de nos inquiétudes. Est-il de bonne famille?

— Je ne le connais ni d'Eve ni d'Adam! s'écria le comte de Kergarouët. Me fiant au tact de cette petite folle, je lui ai amené son Adonis par un moyen à moi connu. Je sais qu'il tire le pistolet admirablement, chasse très bien, joue merveilleusement au billard, aux échecs, au trictrac, et qu'il fait des armes et

monte à cheval comme feu le chevalier de
Saint-Georges. Il a une érudition corsée relativement à nos vignobles. Il calcule comme
Barême, dessine, danse et chante bien. Que
diable avez-vous donc, vous autres? — Si ce
n'est pas là un gentilhomme parfait, montrez-
moi un bourgeois qui sache tout cela. Trou-
vez-moi un homme qui vive aussi noblement
que lui... Fait-il quelque chose? Compromet-
il sa dignité à aller dans des bureaux, à se
courber devant de petits gentillâtres que vous
appelez des directeurs généraux?... Il marche
droit... C'est un homme. Mais, au surplus, je viens
de retrouver dans la poche de mon gilet la
carte qu'il m'a donnée quand il croyait que je
voulais lui couper la gorge. Pauvre innocent!
La jeunesse d'aujourd'hui n'est guère rusée!
Tenez, la voici.

— Rue du Sentier, n° 5... dit M. de Fontaine en murmurant pendant qu'il cherchait
à se rappeler, parmi tous les renseignemens
qu'on lui avait donnés, celui qui pouvait concerner le jeune inconnu. Que diable cela signi-
fie-t-il? Ceci est la demeure de MM. Georges
Brummer, Schilken et compagnie. Ce sont des

banquiers dont le principal commerce est celui des mousselines, calicots, toiles peintes, que sais-je! — Ah! ah! j'y suis. Longueville, le député, a un intérêt dans leur maison. — Oui, mais je ne connais à Longueville qu'un fils de trente-deux ans, qui ne ressemble pas du tout à celui-ci. Il lui donne cinquante mille livres de rente en mariage, afin de lui faire épouser la fille d'un ministre; car il a envie d'être pair tout comme un autre. — Jamais je ne lui ai entendu parler de ce fils-là. — Il a bien deux filles; mais aucune, il me semble, ne se nomme Clara. Au surplus, permis à plus d'un intrigant de s'appeler Longueville. — Mais la maison Brummer, Schilken et compagnie, n'est-elle pas à moitié ruinée par une spéculation au Mexique ou aux Indes?... J'éclaircirai tout cela.

— Tu parles tout seul comme si tu étais sur un théâtre, et tu parais me compter pour zéro, dit tout-à-coup le vieux marin. Tu ne sais donc pas que s'il est gentilhomme, j'ai plus d'un sac dans mes écoutilles pour parer à son défaut de fortune?

— Quant à cela!... dit M. de Fontaine en agitant la tête de droite à gauche, M. de Longueville le député n'a même pas acheté de savonnette à vilain. Avant la révolution il était procureur, et le *de* qu'il a pris depuis la restauration lui appartient tout autant que la moitié de sa fortune.

— Bah! bah!... s'écria gaiement le marin, heureux ceux dont les pères ont été pendus!...

Trois ou quatre jours après cette mémorable journée, et par une de ces belles matinées du mois de novembre qui font voir aux Parisiens leurs boulevards nettoyés soudain, grâces au froid piquant d'une première gelée, mademoiselle de Fontaine, parée d'une fourrure nouvelle qu'elle voulait mettre à la mode, était sortie avec une de ses sœurs et madame la baronne de Fontaine sur lesquelles elle avait jadis décoché le plus d'épigrammes.

Ces trois dames étaient bien moins invitées à cette promenade parisienne par l'envie d'essayer une voiture très élégante et des robes qui devaient donner le ton aux modes de l'hiver, que par le désir de voir une merveilleuse pèlerine dont une de leurs amies avait remarqué la coupe élégante et originale, dans un riche magasin de lingerie situé au coin de la rue de la Paix.

Quand les trois dames furent entrées dans la boutique, madame la baronne de Fontaine tira Émilie par la manche et lui montra des yeux M. Maximilien Longueville assis dans le comptoir, et rendant avec toute la grâce mercantile en usage la monnaie d'une pièce d'or à la lingère avec laquelle il semblait en conférence, car il tenait à la main quelques échantillons qui ne laissaient aucun doute sur son honorable profession.

Émilie pâlit; et, sans qu'on pût s'en apercevoir, elle fut saisie d'un frisson glacial. Cependant, grâces au savoir-vivre de la bonne compagnie, elle dissimula parfaitement la rage qu'elle avait dans le cœur, et répondit à sa sœur un : — Je le savais!... dont la richesse d'intonation et l'accent inimitable eussent fait envie à mademoiselle Mars.

Elle s'avança vers le comptoir. M. Longueville leva la tête, mit les échantillons dans sa poche de côté avec une grâce et un sang-froid désespérant; et, saluant mademoiselle de Fontaine, il s'approcha d'elle en lui jetant un regard pénétrant.

— J'enverrai, dit-il à la lingère qui l'avait suivi d'un air très inquiet, j'enverrai régler ce compte, car ma maison le veut ainsi.

— Mais tenez, ajouta-t-il à l'oreille de la jeune femme en lui remettant un billet de mille francs, prenez. — Ce sera une affaire entre nous.

— Vous me pardonnerez, j'espère, mademoiselle, dit-il en se retournant vers Émilie. Vous aurez la bonté d'excuser la tyrannie qu'exercent les affaires.

— Mais il me semble, monsieur, que cela m'est fort indifférent!... répondit mademoiselle de Fontaine en le regardant avec une assurance et un air d'insouciance moqueuse qui pouvaient faire croire qu'elle le voyait pour la première fois.

— Parlez-vous sérieusement? demanda Maximilien d'une voix altérée.

Émilie lui avait tourné le dos avec une incroyable impertinence. Ce peu de mots, ayant été prononcés à voix basse, avaient échappé à la curiosité des deux sœurs de l'orgueilleuse fille. En quelques secondes la pèlerine fut achetée, et mademoiselle de Fontaine remonta précipitamment en voiture.

Quand les trois dames furent placées dans l'élégante calèche, Émilie, qui se trouvait assise sur le devant, ne put s'empêcher d'embrasser, par son dernier regard, la profondeur de cette odieuse boutique, au sein de laquelle elle vit M. Maximilien, pâle, immobile, les bras croisés, et resté debout dans l'attitude d'un homme supérieur au mal dont il était si subitement atteint. Leurs yeux se rencontrèrent; et, semblables à deux éclairs, ils se lancèrent deux rayons d'une implacable rigueur. Chacun d'eux espéra qu'il blessait cruellement le cœur qu'il aimait, et une minute après, ils se trouvèrent aussi loin l'un de l'autre que s'ils eussent été, l'un à la Chine et l'autre au Groënland.

La vanité a un souffle qui dessèche tout, et en ce moment mademoiselle de Fontaine vivait dans la froide atmosphère de ce sentiment. En proie au plus violent combat qui puisse agiter le cœur d'une jeune fille, elle recueillit la plus ample moisson de douleurs que jamais les préjugés et les petitesses eus-

sent semée dans une âme humaine. Son visage
frais et velouté naguère, était sillonné de
tons jaunes, de taches rouges, et parfois les
teintes blanches de ses joues se verdissaient
soudain. Dans l'espoir de dérober son trouble
à ses sœurs, elle leur montrait en riant soit des
passans, des toilettes, soit des choses ridicules;
mais ce rire était convulsif, et intérieurement
elle se sentait plus vivement blessée de la com-
passion silencieuse dont ses généreuses compagnes l'accablèrent à leur insu, que des épigrammes par lesquelles elles auraient pu se venger.
Elle employa tout son esprit à entraîner ses
deux sœurs dans une conversation dont elle
essaya de se faire une arme contre elles, cherchant à exhaler sa colère par des contradictions
insensées. Elle accabla le commerce et les né-
gocians des injures les plus piquantes et d'épigrammes de mauvais ton.

Elle rentra pour se mettre au lit; car elle
fut saisie d'une fièvre dont le caractère eut
d'abord quelque chose de dangereux. Mais au
bout de huit jours, les soins de ses parens, ceux
du médecin, la rendirent aux vœux de sa famille. Chacun espéra que cette leçon pourrait

servir à dompter le caractère d'Émilie ; mais elle reprit insensiblement ses anciennes habitudes ; et, au bout de quinze jours, elle voulut s'élancer de nouveau dans le monde.

Elle prétendit qu'il n'y avait pas de honte à se tromper ; que, si elle avait, comme son père, quelque influence à la Chambre, elle provoquerait une loi pour obtenir que les commerçans, surtout les marchands de calicot, fussent marqués au front comme les moutons du Berry, jusqu'à la troisième génération ; ou que les nobles eussent seuls le droit de porter ces anciens habits français qui allaient si bien aux courtisans de Louis XV ; qu'enfin c'était peut-être un malheur pour la monarchie, s'il n'y avait aucune différence entre un marchand et un pair de France ; puis mille autres plaisanteries faciles à deviner, se succédaient rapidement quand un incident imprévu la mettait sur ce sujet.

Mais ceux qui aimaient Émilie remarquaient à travers ses railleries une teinte de mélancolie, qui leur fit croire que M. Maximilien Longueville régnait toujours au fond de ce cœur inexplicable. Parfois elle devenait douce comme pendant la saison fugitive qui vit naître son amour, et parfois aussi elle se montrait plus insupportable qu'elle ne l'avait jamais été; mais chacun excusait en silence les inégalités d'une humeur qui prenait sa source dans une souffrance tout à la fois secrète et connue.

Le comte de Kergarouët obtint un peu d'empire sur elle, grâces à un surcroît de prodigalités, genre de consolation qui manque rarement son effet sur les jeunes Parisiennes.

La première fois que mademoiselle de Fontaine alla au bal, ce fut chez l'ambassadeur de Naples. Au moment où elle prit place au plus brillant des quadrilles, elle aperçut M. Longueville à quelques pas d'elle, et son amant dédaigné fit un léger signe de tête au partner à qui elle donnait la main.

— Ce jeune homme est un de vos amis?... demanda-t-elle à son cavalier d'un air de dédain.

— Je le crois, répondit-il. — C'est mon frère.

Émilie ne put s'empêcher de tressaillir.

— Ah! si vous le connaissiez!... reprit-il d'un ton d'enthousiasme. C'est bien la plus belle âme qui soit au monde...

—Savez-vous mon nom?.. lui demanda Émilie en l'interrompant avec vivacité.

— Non, mademoiselle. C'est un crime, je l'avoue, que de ne pas avoir retenu un nom qui est sur toutes les lèvres, je devrais dire dans tous les cœurs. Cependant, j'ai une excuse valable : j'arrive d'Allemagne. Mon ambassadeur, qui est à Paris en congé, m'a envoyé ce soir ici pour servir de chaperon à son aimable femme, que vous pouvez voir là-bas dans un coin.

— Mais c'est un masque tragique! dit Émilie, après avoir examiné l'ambassadrice.

— C'est cependant sa figure... reprit en riant le jeune homme. Il faudra bien que je la fasse danser! aussi, ai-je voulu avoir une compensation...

Mademoiselle de Fontaine s'inclina.

— J'ai été bien surpris, continua le babillard secrétaire d'ambassade, de trouver mon frère ici. En arrivant de Vienne, j'ai appris que le pauvre garçon était malade et au lit. Je comptais bien le voir avant d'aller au bal; mais la politique ne nous laisse pas toujours le loisir d'avoir des affections de famille; et, en effet, *la dona della casa* ne m'a pas permis de monter chez mon pauvre Maximilien.

— Monsieur votre frère n'est pas comme vous dans la diplomatie ?... dit Emilie.

— Non, le pauvre garçon !!...

L'étourdi secrétaire soupira et reprit :

— Il s'est sacrifié pour moi !..... Lui et ma sœur Clara ont renoncé volontairement à la fortune de mon père, afin qu'il pût réunir sur ma tête un immense majorat; car mon père rêve la pairie, comme tous ceux qui votent pour le ministère. — Il a la promesse d'être nommé pair, ajouta-t-il à voix basse.—Alors mon frère, après avoir réuni quelques capitaux, s'est mis dans une maison de banque, et il a promptement réussi !...

Je sais qu'il vient de faire avec le Brésil une spéculation qui peut le rendre millionnaire ; et je suis tout joyeux d'avoir contribué par mes relations diplomatiques à lui en assurer le succès. J'attends même avec impatience une dépêche de la légation brésilienne qui sera de nature à lui dérider le front. — Comment le trouvez-vous ?

— Mais la figure de monsieur votre frère ne

me semble pas être celle d'un homme occupé d'argent...

Le jeune diplomate scruta par un seul regard la figure en apparence calme de sa danseuse.

— Comment, dit-il en souriant, les demoiselles devinent donc aussi les pensées d'amour à travers les fronts muets ?

— Monsieur votre frère est amoureux ?... demanda-t-elle en laissant échapper un geste de curiosité.

— Oui ! Ma sœur Clara, pour laquelle il a des soins maternels, m'a écrit qu'il s'était amouraché, cet été, d'une fort jolie personne ; mais depuis, je n'ai pas eu des nouvelles de ses amours.

Croiriez-vous que le pauvre garçon se levait à cinq heures du matin, et allait expédier ses affaires, afin de pouvoir se retrouver à quatre heures à la campagne de la belle : aussi a-t-il abîmé un charmant cheval de race pure dont je lui avais fait cadeau. Pardonnez-moi mon babil, mademoiselle, mais j'arrive d'Allemagne ; et, depuis un an, je n'ai pas entendu parler correctement le français ; je suis sevré de visages français et rassasié d'allemands, si bien que, dans ma rage patriotique, je parlerais, je crois, aux chimères d'un candelabre, pourvu qu'elles fussent faites en France. Puis si je cause avec autant d'abandon pour un diplomate, la faute en est à vous, mademoiselle... n'est-ce pas vous qui m'avez montré mon frère ?... et quand il est question de lui je suis intarissable. Oh! je voudrais pouvoir dire à la terre entière combien il est bon et généreux. Il ne s'agissait de rien moins que de cent vingt mille livres de rente, que rapporte la terre de Longueville et dont il a laissé disposer en ma faveur!

Si mademoiselle de Fontaine obtint des révélations aussi importantes, elle les dut en partie à l'adresse avec laquelle elle sut interroger son confiant cavalier, du moment où elle apprit qu'il était le frère de son amant dédaigné. Cette conversation tenue à voix basse et maintes fois interrompue, roula sur tant de sujets divers, qu'il est inutile de la rapporter en entier.

— Est-ce que vous avez pu, sans quelque peine, voir monsieur votre frère vendre des mousselines et des calicots ?... demanda Emilie, après avoir accompli la troisième figure de la contredanse.

— D'où savez-vous cela ?... lui demanda le diplomate; car, Dieu merci ! tout en débitant un flux de paroles, j'ai déjà l'art de ne dire que ce que je veux, ainsi que tous les apprentis ambassadeurs de ma connaissance.

— Vous me l'avez dit, je vous assure.

M. de Longueville regarda sa danseuse avec un étonnement plein de perspicacité. Un soupçon entra dans son âme. Il interrogea successivement les yeux de son frère et de sa partnère; et alors, devinant tout, il pressa ses mains l'une contre l'autre; puis, levant les yeux au plafond, il se mit à rire, et dit :

— Je ne suis qu'un sot !... Vous êtes la plus belle personne du bal..... mon frère vous regarde à la dérobée, il danse malgré la fièvre, et vous feignez de ne pas le voir. — Faites son bonheur, dit-il, en la reconduisant auprès de son vieil oncle ; je n'en serai pas jaloux ; mais je tiendrai mon cœur à deux mains en vous nommant : — Ma sœur...

Cependant les deux amans devaient être aussi inexorables l'un que l'autre pour eux-mêmes.

Vers les deux heures du matin, l'on servit un ambigu dans une immense galerie où les tables avaient été disposées comme chez un restaurateur, de manière à laisser les personnes d'une même coterie libres de se réunir.

Par un de ces hasards qui arrivent toujours aux amans, mademoiselle de Fontaine se trouva placée à une table voisine de celle autour de laquelle se mirent les personnes les plus distinguées de la fête, et Maximilien faisait partie de ce groupe. Émilie prêta une oreille attentive aux discours tenus par ses voisins, et alors elle put entendre une de ces conversations qui s'établissent si facilement entre les dames de trente ans et les jeunes gens qui ont les grâces et la tournure de Maximilien Longueville.

L'interlocutrice du jeune banquier était une duchesse napolitaine, dont les yeux lançaient des éclairs, et dont la peau blanche avait l'éclat du satin. L'intimité que le jeune Longueville affectait d'avoir avec elle blessa d'autant plus mademoiselle de Fontaine qu'elle venait de rendre à son amant vingt fois plus de tendresse qu'elle ne lui en portait jadis.

— Oui, monsieur, dans mon pays, le véritable amour sait faire toute espèce de sacrifices, disait la duchesse en minaudant.

— Vous êtes plus passionnées que les Françaises, dit Maximilien dont le regard enflammé tomba sur Émilie. Elles sont toute vanité.

— Oh! monsieur, reprit la jeune fille avec vivacité, cela est fort mal de calomnier sa patrie. Le dévouement est de tous les pays.

— Croyez-vous, mademoiselle, reprit l'Italienne avec un sourire sardonique, qu'une Parisienne soit capable de suivre partout celui qu'elle aimerait?

— Ah! entendons-nous, madame! On va dans un désert y habiter une tente, mais aller s'asseoir dans un comptoir !...

Elle acheva sa pensée en laissant échapper un geste de dégoût.

Ce fut ainsi que l'influence exercée sur Émilie par une funeste éducation tua deux fois son bonheur naissant, et lui fit manquer toute son existence. La froideur apparente de Maximilien et le sourire d'une femme lui arrachèrent un de ces sarcasmes cruels dont elle ne se refusait jamais la perfide jouissance.

— Mademoiselle, lui dit à voix basse M. Longueville à la faveur du bruit que firent les dames en se levant de table, personne ne formera des vœux plus ardens que les miens pour votre bonheur. Permettez-moi de vous donner cette assurance en prenant congé de vous; car, dans quelques jours, je partirai pour l'Italie.

— Avec une duchesse, sans doute?

— Non, mademoiselle, mais avec une maladie mortelle peut-être.

— N'est-ce pas une chimère?... demanda Émilie en lui lançant un regard inquiet.

— Non, dit-il, il y a des blessures qui ne se cicatrisent jamais...

— Vous ne partirez pas!... dit l'impérieuse jeune fille en souriant.

— Je partirai, reprit gravement Maximilien.

— Vous me trouverez mariée au retour..... Je vous en préviens!.... dit-elle avec coquetterie.

— Je le souhaite.

— L'impertinent! s'écria-t-elle, se venge-t-il assez cruellement!...

Quinze jours après, M. Maximilien Longueville, deux fois millionnaire, partit avec sa sœur Clara pour les chaudes et poétiques contrées de la belle Italie, laissant mademoiselle de Fontaine en proie aux plus violens regrets.

Épousant la querelle de son frère, le jeune et sémillant secrétaire d'ambassade tira une vengeance éclatante des dédains d'Émilie en publiant les motifs de la rupture des deux amans, et en rendant avec usure à son ancienne danseuse les sarcasmes qu'elle avait jadis lancés. Il fit souvent sourire plus d'une excellence, quand il peignait la belle ennemie des comptoirs, l'amazone qui prêchait une croisade contre les banquiers, la jeune fille dont l'amour s'était évaporé devant un demi-tiers de mousseline. C'était un feu d'artifice continuel. Aussi le comte de Fontaine fut-il obligé d'user de tout son crédit pour faire obtenir à M. Auguste Longueville une mission en Russie, afin de soustraire sa fille au ridicule que son jeune persécuteur versait à pleines mains sur elle.

Bientôt le ministère fut obligé de lever une conscription de pairs, pour soutenir les opinions aristocratiques qui chancelaient dans la noble chambre à la voix puissante d'un illustre

écrivain. M. Longueville fut nommé pair de
France et vicomte. M. de Fontaine obtint aussi
la pairie, récompense due à sa fidélité pendant
les mauvais jours, ainsi qu'à son nom historique,
qui manquait à la chambre héréditaire.

Ce fut vers cette époque que mademoiselle
de Fontaine, âgée de vingt-deux ans, se mit
à faire de sérieuses réflexions sur la vie. Elle
changea insensiblement de ton et de manières.
Au lieu de s'exercer à dire des méchancetés à
son oncle, elle lui prodigua les soins les plus
affectueux. Elle lui apportait sa béquille avec
une persévérance de tendresse qui faisait rire
les plaisans. Elle lui offrait le bras, allait dans
sa voiture, et l'accompagnait dans toutes ses
promenades. Elle lui persuada même qu'elle
n'était point incommodée par l'odeur de la pipe,
et lui lisait sa chère *Gazette de France* au
milieu des bouffées que le malicieux marin lui
envoyait à dessein. Elle apprit le piquet pour
faire la partie du vieux comte. Enfin cette jeune
personne si fantasque écoutait avec une attention miraculeuse les récits que son oncle recom-
mençait périodiquement, soit du combat de
la Belle-Poule, soit des manœuvres de *la Ville-*

de-Paris, de la première expédition de M. de Suffren, ou de la bataille d'Aboukir.

Quoique le vieux marin eût souvent dit qu'il connaissait trop sa longitude et sa latitude pour se laisser capturer par une jeune corvette, un beau matin, les salons de Paris apprirent que mademoiselle de Fontaine avait épousé le comte de Kergaroüet.

La jeune comtesse donna des fêtes splendides pour s'étourdir ; mais elle trouva sans doute le néant au fond de ce tourbillon dont le luxe cachait imparfaitement le vide et le malheur de son âme souffrante ; car, la plupart du temps, sa belle figure exprimait une douce mélancolie. Émilie paraissait pleine d'attentions et d'égards pour son vieux mari, qui, souvent, en s'en allant dans son appartement le soir au bruit d'un joyeux orchestre, disait en riant à ses vieux camarades qu'il ne se reconnaissait plus, et qu'il ne croyait pas qu'à l'âge de soixante-quinze ans il dût s'embarquer comme pilote sur LA BELLE ÉMILIE.

Du reste, la conduite de la comtesse était empreinte d'une telle sévérité de mœurs, que la critique la plus clairvoyante n'avait rien à y reprendre. L'on pensait que le contre-amiral s'était réservé le droit de disposer de sa fortune pour enchaîner plus fortement sa femme ; mais cette supposition faisait injure à l'oncle et à la nièce. L'attitude des deux époux était même si savamment calculée, qu'il devint presque impossible aux plus malicieux observateurs de pouvoir deviner si le vieux comte traitait sa femme en amant ou en père. On lui entendait dire souvent qu'il avait recueilli sa nièce comme une naufragée, et que, jadis, sur son vaisseau, il n'avait jamais abusé de l'hospitalité quand il lui arrivait de sauver un ennemi de la fureur des orages. Bientôt la comtesse de Kergaroüet rentra insensiblement dans une obscurité qu'elle semblait désirer, et Paris cessa de s'occuper d'elle.

Deux ans après son mariage, elle se trouvait plus brillante qu'en aucun jour passé au milieu des antiques salons du faubourg Saint-Germain, où son caractère, digne des anciens temps, était admiré, lorsque tout-à-coup la voix sonore d'un laquais annonça M. le vicomte de Longueville. Heureusement pour la comtesse qu'elle était ensevelie dans un coin du salon et occupée à faire le piquet de l'évêque de Persépolis, alors son émotion ne fut remarquée de personne.

En tournant la tête, elle avait vu entrer M. Maximilien dans tout l'éclat de la jeunesse. La mort de son père et celle de son frère, tué par l'inclémence du climat de Pétersbourg, avaient posé sur cette tête ravissante les plumes héréditaires du chapeau de la pairie. Son immense fortune égalait ses connaissances et son mérite. La veille même, sa jeune et bouillante éloquence avait éclairé la sagesse législative de l'assemblée. En ce moment, il apparaissait à Émilie comme un ange de lumière. Il était libre et paré de tous les dons que la triste comtesse avait rêvés pour son idole. Le vicomte était l'orgueil des salons et l'objet des soins de toutes les mères qui avaient des filles à marier. Il était réellement doué des vertus qu'on lui supposait en admirant sa grâce; et, plus que toute autre, Émilie savait qu'il possédait cette fermeté de caractère qui, dans un mari, est un gage de bonheur pour une femme.

Tournant alors les yeux sur l'amiral, qui,

selon son expression familière, paraissait devoir tenir encore long-temps sur son bord, elle jeta un regard de résignation douloureuse sur cette tête grise. Elle revit en un coup-d'œil les erreurs de son enfance pour les condamner, soupira, maudit les lingères, et M. de Persépolis lui dit en ce moment avec une certaine grâce épiscopale :

— Ma belle dame, puisque vous avez écarté le roi de cœur, j'ai gagné; mais ne regrettez pas votre argent, je le donnerai à mes petits séminaires.

FIN DU TOME PREMIER.

TABLE

DES MATIERES CONTENUES DANS CE VOLUME.

Préface.   1

La Vendetta.   v

Les Dangers de l'Inconduite.   163

Le Bal de Sceaux.   267